L'ART DE L'IA

Comment la Technologie Affecte la Créativité

Harry J. Smith

TABLE DES MATIÈRES

INTRODUCTION

Bienvenue dans le monde fascinant où l'intelligence artificielle (IA) rencontre la créativité humaine : un territoire inexploré où la science et l'art, la logique et l'irrationnel, se rencontrent dans une harmonie surprenante. "L'Art de l'IA: Comment la Technologie Affecte la Créativité." vous guidera dans ce labyrinthe de possibilités, en remettant en question vos idées préconçues sur ce qui est possible lorsque ces deux forces apparemment disparates se rencontrent.

Vous êtes-vous déjà demandé si un algorithme pouvait composer une symphonie capable de susciter des émotions ? Ou si un réseau neuronal pouvait peindre un tableau qui remette en question notre conception de l'art ? Ces questions peuvent sembler sortir d'un roman de science-fiction, mais ce sont des questions actuelles auxquelles nous commençons à répondre. Ce livre est votre carte pour naviguer dans ce nouvel univers.

Dans le chapitre 1, nous explorons le mariage de l'IA et de la créativité humaine, de l'histoire de la collaboration aux dilemmes éthiques qui se posent lorsque la machine commence à "créer". La compréhension du contexte étant cruciale, nous présenterons de manière exhaustive ce qu'est l'IA, comment elle a commencé à mêler son histoire à celle de l'art, et quelles sont les limites et le potentiel de cette collaboration.

À partir du chapitre 2, nous entrons dans le vif du sujet en dévoilant les bases de l'IA créative. Algorithmes génératifs, réseaux neuronaux, apprentissage profond - ces termes peuvent sembler abstraits aujourd'hui, mais nous vous promettons qu'ils deviendront une seconde nature une fois que vous aurez appris comment ils fonctionnent et comment ils peuvent être appliqués dans différents domaines de la créativité.

Car, oui, l'IA fait des incursions dans tous les domaines artistiques. Imaginez une musique composée à l'aide de l'IA qui suscite des émotions profondes, ou des peintures générées par des algorithmes qui rivalisent avec les grands maîtres. Et ce n'est pas tout : la littérature, le cinéma et la mode connaissent également leur propre révolution grâce à cette technologie. Ce livre vous emmène à la découverte de ces applications révolutionnaires, en vous présentant des exemples concrets et des success stories.

Mais nous ne pouvons pas ignorer les responsabilités qui accompagnent un tel pouvoir. Dans le chapitre 9, nous abordons les défis éthiques qui accompagnent l'IA créative. De l'attribution des droits d'auteur à l'impact sur l'emploi, nous explorons les dilemmes auxquels la société est confrontée dans l'utilisation responsable de cette technologie.

Enfin, nous vous invitons à vous tourner vers l'avenir. L'IA créative est une frontière qui se développe rapidement, avec des innovations qui apparaissent à un rythme effréné. Quel sera son rôle dans le monde de l'art, de la musique, de la littérature et au-delà dans les années à venir ? Le chapitre 10 tentera de faire la lumière sur ces questions.

Nous vous assurons que vous terminerez ce livre avec une nouvelle perspective sur la créativité et sur la façon dont l'intelligence artificielle change les règles du jeu. Préparez-vous à être surpris, inspiré et, peut-être, un peu déstabilisé, mais surtout, préparez-vous à ouvrir votre esprit à un monde de possibilités infinies.

Bienvenue dans l'Art de l'IA. L'avenir de la créativité commence maintenant.

CHAPITRE 1 : L'INTELLIGENCE ARTIFICIELLE ET LA CRÉATIVITÉ HUMAINE.

L'une des questions qui imprègne l'air de notre époque, chargée d'incertitude et de fascination, est la suivante : qu'est-ce que l'intelligence artificielle et quel rôle peut-elle jouer dans le tissu de plus en plus complexe de la créativité humaine ? Cette question déclenche un déluge d'autres questions, tantôt techniques, tantôt philosophiques, qui sont toutes susceptibles d'affecter profondément la manière dont nous comprenons l'essence même de la cognition et de l'innovation.

Pour commencer, l'intelligence artificielle est une branche de l'informatique qui cherche à construire des systèmes capables d'effectuer des tâches qui, si elles étaient réalisées par des humains, nécessiteraient l'utilisation de l'intelligence. Mais attention, cette définition est à double tranchant : si elle nous amène à comparer la machine à l'homme, elle nous oblige aussi à nous demander ce que nous entendons exactement par "intelligence". Est-ce le raisonnement ? Est-ce l'adaptabilité ? Est-ce la capacité d'expérimenter et de tirer des leçons de l'expérience ? La réponse est que l'intelligence, c'est tout cela, et peut-être plus encore.

Parlons maintenant de la créativité, ce joyau au cœur de

l'expérience humaine. La créativité est la capacité à générer des idées, des œuvres et des solutions originales et valables. C'est un don qui semble appartenir exclusivement au domaine humain, où l'intuition, l'émotion et la connexion à un héritage culturel plus large jouent des rôles irremplaçables. Cependant, c'est ici que la discussion devient intéressante : l'intelligence artificielle intervient de plus en plus dans le domaine de la créativité, non pas comme un substitut, mais comme un amplificateur de nos capacités.

Les systèmes d'intelligence artificielle sont désormais utilisés dans des domaines allant de l'art à la musique, de l'écriture à la conception architecturale. Ils peuvent analyser d'énormes ensembles de données afin d'identifier des modèles et des tendances qu'il serait presque impossible à un seul être humain de détecter. Elles peuvent générer des idées initiales que les artistes peuvent ensuite façonner et affiner. En ce sens, l'intelligence artificielle agit comme un catalyseur qui peut ouvrir de nouvelles voies à l'inspiration humaine.

Mais qu'est-ce que cela signifie pour une compréhension plus large de la relation entre l'intelligence artificielle et la créativité humaine ? Cela signifie que nous devons commencer à considérer ces entités non pas comme des forces concurrentes, mais comme des composantes complémentaires d'un écosystème plus vaste. Un écosystème dans lequel la machine n'est ni le maître ni l'esclave, mais un partenaire dans le processus de découverte et de création.

Nous ne pouvons pas encore dire si les machines seront un jour "créatives" au sens le plus pur et le plus profond du terme, mais ce que nous pouvons dire, c'est que leur présence modifie déjà la façon dont nous créons, dont nous nous engageons et dont nous pensons même au concept de créativité. Alors que nous continuons à naviguer dans ces eaux inconnues, une chose est sûre : la combinaison de l'intelligence artificielle et de la créativité humaine représente l'une des frontières les plus passionnantes et les plus stimulantes de notre époque.

Prenons un moment pour considérer l'intelligence artificielle non pas comme un simple outil informatique ou un exécutant efficace de tâches mécaniques, mais comme un compagnon silencieux dans le voyage créatif de l'être humain. La collaboration entre l'intelligence artificielle et la créativité humaine est une histoire enracinée dans des années de développement technologique et philosophique. Cette relation est devenue particulièrement pertinente à une époque où nous cherchons constamment de nouveaux moyens de nous exprimer et de comprendre le monde qui nous entoure.

Au début de son développement, l'intelligence artificielle était principalement considérée comme une machine permettant de résoudre des problèmes mathématiques compliqués. Cependant, au fil du temps, les scientifiques et les penseurs ont commencé à se demander : "Et si l'IA pouvait faire plus ? Et si elle pouvait contribuer à libérer de nouveaux niveaux d'expression créative ?"

C'est ainsi qu'a débuté une collaboration inhabituelle mais fructueuse. Prenons l'exemple de la peinture numérique. Ici, l'intelligence artificielle peut suggérer des combinaisons de couleurs et des motifs qu'un artiste n'aurait peut-être jamais envisagés, le poussant ainsi au-delà des limites de son imagination. De même, dans le domaine de la composition musicale, les algorithmes peuvent générer des séquences harmoniques ou rythmiques qui offrent un nouvel espace d'exploration au compositeur. Il ne s'agit pas de remplacer l'artiste, mais d'élargir son répertoire de possibilités créatives.

L'écriture est un autre domaine dans lequel l'IA fait lentement son entrée. Grâce à des techniques avancées de traitement du langage naturel, les algorithmes peuvent suggérer des intrigues, générer des dialogues et même créer des personnages dotés d'une profondeur psychologique fascinante. Tout cela permet aux écrivains de se concentrer sur des aspects plus subtils de la narration, tels que le rythme et le ton, tandis que l'IA s'occupe des éléments plus mécaniques.

L'IA ne s'applique pas seulement à l'art traditionnel. La conception de produits, la mode, l'architecture et même la cuisine commencent à considérer l'IA comme un partenaire plutôt que comme un outil. Qu'il s'agisse de suggérer de nouvelles combinaisons de matériaux dans l'industrie de la mode ou d'optimiser la répartition de l'espace dans un bâtiment, l'IA offre une toute nouvelle perspective, basée sur des données et des algorithmes, qui peut aller de pair avec l'intuition et la vision humaines.

Cependant, la relation entre l'IA et la créativité humaine n'est pas sans controverse. Certains affirment que l'IA, de par sa nature même, est incapable d'une véritable créativité, car elle est dépourvue des émotions et de l'expérience subjective qui sont fondamentales à l'acte créatif. Par ailleurs, certains craignent que l'IA ne "déshumanise" l'art, rendant la touche humaine superflue.

Malgré ces inquiétudes, il est indéniable que nous nous trouvons à un moment crucial de l'histoire de la collaboration entre l'intelligence artificielle et la créativité humaine. Cette collaboration a le potentiel de repousser les frontières de l'art et du design vers des territoires inexplorés, enrichissant notre compréhension de la créativité elle-même. C'est une histoire qui ne fait que commencer et dont les pages futures sont ouvertes à d'infinies possibilités.

L'une des questions les plus fascinantes qui émergent du dialogue entre l'intelligence artificielle et l'humanité est la remise en question de notre compréhension de la créativité. À première vue, la créativité semble être le domaine exclusif des humains, un paysage intérieur si riche et si complexe qu'il est inaccessible à un algorithme. Cependant, les récentes innovations dans le domaine de l'intelligence artificielle commencent à renverser cette notion, en présentant des études de cas qui invitent à une réflexion plus approfondie.

Prenons par exemple le domaine des arts visuels. Un projet appelé "DeepArt" utilise des réseaux neuronaux convolutifs pour "apprendre" les styles artistiques de peintures célèbres et les appliquer à de nouvelles images. Le résultat est surprenant et remet en question notre compréhension de ce qui constitue une œuvre d'art. Un algorithme, entraîné à reproduire les coups de pinceau de Van Gogh ou la géométrie de Mondrian, peut-il prétendre à une quelconque forme d'agence créative ? La réponse à cette question n'est peut-être pas un simple "oui" ou "non", mais plutôt une invitation à explorer ce que nous entendons réellement lorsque nous parlons de créativité.

Dans le domaine de l'écriture, des programmes comme GPT-3 ont fait preuve d'une incroyable polyvalence en imitant le style et la structure du langage humain. Si la plupart des écrivains ne considèrent probablement pas ces outils comme une menace pour leur profession, ils soulèvent des questions intrigantes sur l'essence même de la narration et de la propriété intellectuelle. Si un algorithme peut générer une histoire ou un poème qui touche les cordes de l'émotion humaine, comment devrions-nous confronter notre ancienne croyance selon laquelle la créativité est l'apanage exclusif de l'esprit humain ?

Dans le monde de la musique, des outils d'intelligence artificielle comme AIVA ou Magenta de Google ont composé des morceaux allant de la musique classique à la musique électronique. Là encore, le résultat est si convaincant qu'il remet en question les barrières traditionnelles entre le "créé" et le "calculé".

Ces études de cas ouvrent une boîte de Pandore de questions éthiques, philosophiques et même existentielles. Tout d'abord, il y a la question de la propriété intellectuelle. Si un algorithme crée une œuvre d'art ou compose une symphonie, à qui appartient-elle vraiment ? Deuxièmement, à mesure que la technologie progresse, il est inévitable de se demander s'il y aura un moment où l'intelligence artificielle surpassera l'homme en termes de capacités créatives. Et si c'est le cas, quelles seront les implications pour notre rôle et notre sens de l'identité dans le monde ?

Le dialogue entre l'intelligence artificielle et la créativité humaine est comme un dialogue entre des miroirs, où chaque reflet peut révéler quelque chose de nouveau sur ce que signifie être vraiment "créatif". Peut-être qu'au lieu de considérer l'intelligence artificielle comme un usurpateur de notre domaine créatif, nous pourrions la voir comme un complément, une extension qui remet en question et enrichit notre compréhension de la créativité elle-même.

Alors que nous continuons à naviguer sur ce territoire inexploré, il est essentiel non seulement de célébrer nos réalisations techniques, mais aussi de réfléchir aux questions plus profondes que ces innovations soulèvent. Loin d'être des concepts contradictoires, l'intelligence artificielle et la créativité humaine peuvent en fait être des compagnons de route dans une exploration extraordinaire du potentiel infini de l'expression et de l'imagination.

À l'ère moderne, l'intelligence artificielle (IA) a envahi de nombreux domaines de la vie quotidienne, de l'automatisation industrielle au diagnostic médical. Mais l'une des questions les plus fascinantes, et en même temps les plus inquiétantes, est celle de la relation entre l'IA et la créativité humaine. Nombreux sont ceux qui se demandent si les machines seront un jour capables de reproduire, voire de surpasser, la créativité humaine. D'autres s'interrogent sur les implications éthiques d'une telle évolution.

Lorsque nous parlons de créativité, nous faisons référence à la capacité de générer des idées, des concepts ou des produits originaux et significatifs. Elle a toujours été considérée comme une particularité exclusivement humaine, liée à des processus cognitifs complexes et à la culture. Les machines peuvent-elles réellement rivaliser avec les humains dans ce domaine ?

Certains développements récents dans le domaine de l'IA pourraient le laisser penser. Des algorithmes d'apprentissage profond ont été entraînés à composer de la musique, à créer des œuvres d'art et à écrire des poèmes qui, à première vue, peuvent sembler être le fruit du génie humain. Mais peut-on définir comme "créative" une machine qui ne possède pas de conscience, d'émotions ou de compréhension du contexte dans lequel elle opère ?

C'est là que l'éthique entre en jeu. L'utilisation de l'IA dans le domaine de la créativité ouvre une véritable boîte de Pandore éthique. Si un algorithme crée une œuvre d'art ou compose une symphonie, qui détient les droits d'auteur ? Et que se passe-t-il lorsque l'IA génère un contenu considéré comme offensant ou inapproprié ? Qui est responsable : la machine, le programmeur ou celui qui a fourni les données pour l'entraînement ?

Outre les dilemmes juridiques, on s'inquiète de plus en plus de l'effet que la technologie pourrait avoir sur la créativité humaine elle-même. Si nous commençons à trop dépendre de l'IA pour générer du contenu "créatif", nous risquons d'éroder notre propre potentiel inventif. La créativité est liée à notre identité, à notre culture et à notre histoire ; déléguer ce processus à des machines pourrait avoir un impact irrévocable sur notre évolution en tant qu'espèce.

Cependant, nous ne devrions pas nécessairement considérer l'IA comme une menace pour la créativité humaine, mais plutôt comme un complément. Les artistes peuvent utiliser l'IA pour explorer de nouvelles frontières expressives, les musiciens pour expérimenter de nouvelles structures sonores et les écrivains pour jouer avec de nouvelles formes narratives. L'IA pourrait également servir d'outil pédagogique, en aidant les gens à développer leurs compétences créatives par l'imitation et la variation.

L'intersection de l'IA et de la créativité humaine est un territoire riche en potentiel mais aussi en danger. La responsabilité éthique de naviguer dans ce paysage complexe nous incombe à tous : développeurs, artistes, éthiciens et la société dans son ensemble. Nous devons procéder avec prudence, en évaluant soigneusement les implications éthiques de chaque avancée technologique, et en nous rappelant toujours que la véritable essence de la créativité réside dans le caractère unique et la complexité de l'expérience humaine.

L'intelligence artificielle est un domaine qui a catalysé l'attention du monde scientifique, de l'entreprise et de la culture, remettant en question les conventions sur ce que signifie être créatif. Au début, beaucoup voyaient l'intelligence artificielle comme un simple outil, un outil d'automatisation des tâches. À ce jour, ces machines intelligentes ne sont pas seulement capables de résoudre des équations complexes ou de gérer d'énormes bases de données ; elles commencent à montrer des signes d'une certaine forme de créativité, pénétrant dans des domaines que l'on croyait autrefois réservés à l'esprit humain.

Dans le monde de l'art, par exemple, les algorithmes d'apprentissage automatique sont désormais capables de générer des peintures, des compositions musicales et même des poèmes. On peut se demander si ces œuvres sont réellement "créatives" ou simplement le résultat de calculs statistiques complexes. La question est controversée et suscite de profondes réflexions sur l'essence même de la créativité. S'agit-il d'un processus décomposable en données et en algorithmes, ou existe-t-il un quid ineffable, irréductible aux formules mathématiques ?

La créativité humaine a sa propre complexité, un entrelacement d'expériences, d'émotions et de connaissances qui échappe à une simple approche computationnelle. Les humains puisent dans une mosaïque d'influences culturelles, d'interactions sociales et de connaissances personnelles pour créer quelque chose de nouveau et d'unique. En comparaison, l'intelligence artificielle n'a pas cette profondeur et cette variété d'expériences ; elle est confinée aux données qui lui ont été fournies et aux algorithmes qui la gouvernent.

Mais l'avenir est ouvert à des possibilités fascinantes. Avec l'évolution de la technologie, une nouvelle classe de systèmes d'IA dotés d'une forme d'"imagination computationnelle" se profile à l'horizon. Il s'agit d'algorithmes capables d'"imaginer" des scénarios futurs, de formuler des hypothèses ou de générer des idées originales à partir des données disponibles. Une collaboration symbiotique entre l'homme et la machine pourrait voir le jour, dans laquelle l'intelligence artificielle agirait comme un amplificateur de nos capacités créatives plutôt que comme un substitut.

Cependant, des obstacles éthiques et philosophiques doivent être pris en compte. Par exemple, qui détient les droits d'auteur d'une œuvre d'art générée par un algorithme ? Est-il éthique d'utiliser l'IA pour créer de la musique ou des œuvres d'art susceptibles d'avoir un impact émotionnel sur les êtres humains ? Et que se passerait-il si les machines se mettaient à "penser" d'une manière que nous ne pouvons pas comprendre, développant une forme étrangère de créativité insondable pour l'esprit humain ?

Ces dilemmes nous obligent à réévaluer nos idées préconçues sur la créativité et à reconsidérer le rôle que l'intelligence artificielle pourrait jouer dans l'avenir de la pensée créative. Alors que nous continuons à faire progresser le domaine de l'intelligence artificielle, nous devons procéder avec prudence et conscience, en gardant toujours à l'esprit la valeur inestimable de la créativité humaine. Ce faisant, nous découvrirons peut-être de nouvelles vérités sur la nature même de la créativité, qu'elle soit humaine ou artificielle.

CHAPITRE 2 : LES BASES DE L'IA CRÉATIVE.

Dans le vaste monde de l'intelligence artificielle, il existe un domaine particulier qui continue d'étonner et de fasciner les experts comme les profanes : l'IA créative. À première vue, la créativité et les algorithmes peuvent sembler deux concepts diamétralement opposés, comme le noir et le blanc sur la palette d'un peintre. Mais tout comme le peintre mélange les couleurs pour créer des nuances inattendues, l'IA créative combine la rigueur mathématique et la liberté d'expression pour générer des résultats surprenants.

Située à l'intersection de l'art et de la science, l'IA créative ne se contente pas d'émuler ou de reproduire la créativité humaine, mais propose une nouvelle façon de penser le processus créatif lui-même. Cela est possible grâce à une sous-catégorie d'algorithmes appelés "algorithmes génératifs", qui sont conçus pour produire quelque chose de nouveau à partir d'un ensemble de données ou de règles d'entrée. Qu'il s'agisse de texte, d'images, de musique ou de toute autre forme d'art, les algorithmes génératifs ouvrent de nouvelles frontières dans la compréhension de ce que signifie être véritablement créatif.

Pour comprendre la puissance des algorithmes génératifs, il est essentiel de saisir la différence entre les modèles génératifs et les modèles discriminatifs, les deux principaux domaines dans lesquels les algorithmes d'apprentissage automatique sont divisés. Alors que les modèles discriminatifs se concentrent sur l'étiquetage ou la classification des données - par exemple, identifier si une image contient un chat ou un chien - les modèles génératifs vont plus loin. Ils cherchent à comprendre comment les données ont été générées, ouvrant ainsi la porte à la création de nouvelles données partageant les mêmes caractéristiques.

Imaginez un artiste qui étudie l'effet de la lumière sur différents matériaux, puis peint un tableau qui capture cette lumière de manière réaliste. De même, un algorithme génératif "étudie" les données d'entrée, telles que les notes de musique ou les pixels d'une image, pour "peindre" quelque chose de complètement nouveau mais esthétiquement cohérent avec le matériau d'origine.

Les applications sont infinies et dépassent les frontières de l'art. Dans l'industrie, par exemple, les algorithmes génératifs sont utilisés pour créer des conceptions de produits optimisées qui auraient autrement nécessité d'innombrables heures de travail humain. En médecine, ils peuvent générer des structures moléculaires pour de nouveaux médicaments. Et, bien sûr, dans le monde de l'art numérique, ils modifient notre conception de la paternité et de la propriété intellectuelle.

C'est là toute la magie de l'IA créative : sa capacité à repousser les limites de ce que nous considérons comme possible, tant en termes d'esthétique que d'utilité pratique. Il ne s'agit pas d'une simple automatisation ou d'une amélioration progressive, mais d'une révolution dans la manière dont nous générons et pensons la créativité. Avec chaque algorithme perfectionné, avec chaque nouvelle application découverte, un avenir dans lequel les humains et les machines collaborent non seulement pour résoudre des problèmes, mais aussi pour explorer de nouvelles dimensions de l'imagination et de l'inspiration, se dessine de plus en plus clairement. Ainsi, l'IA créative et les algorithmes génératifs ne sont pas seulement des outils entre les mains des artistes ou des ingénieurs ; ce sont des fenêtres ouvertes sur des mondes encore à découvrir, qui invitent chacun d'entre nous à regarder au-delà de l'horizon connu pour se demander "Qu'est-ce qui est possible de faire d'autre ?

Dans un monde où l'intelligence artificielle (IA) pénètre tous les domaines, l'idée d'une "IA créative" peut sembler, à première vue, un oxymore. La créativité est souvent considérée comme une prérogative exclusivement humaine, un domaine dans lequel les machines ne pourraient jamais espérer pénétrer. Pourtant, nous sommes ici au confluent de l'ingénierie et de l'art, où les algorithmes et les réseaux neuronaux cherchent à simuler, et dans certains cas à amplifier, l'impulsion créatrice humaine.

L'exploration de l'IA créative nécessite une compréhension des réseaux neuronaux et de l'apprentissage profond, les technologies de base qui alimentent cette forme d'intelligence artificielle. Un réseau neuronal est un système d'algorithmes qui tente de reconnaître des modèles sous-jacents en interprétant des données brutes par le biais du processus d'apprentissage automatique. Les réseaux neuronaux sont structurés de la même manière que le cerveau humain, avec des nœuds interconnectés ou "neurones" qui transmettent des signaux. Un réseau neuronal d'apprentissage profond, ou réseau neuronal profond, est une variante complexe qui utilise plusieurs couches de ces neurones pour interpréter les données.

La puissance de l'apprentissage profond réside dans sa capacité à apprendre de manière autonome à partir de données, plutôt que de suivre des instructions programmées. Il est donc idéal pour générer une créativité artificielle. La génération d'images ou de musique en est un exemple frappant. Dans ces scénarios, le réseau neuronal "apprend" à partir d'un ensemble de données d'entraînement composé d'exemples du type de résultat que l'on souhaite générer. En ouvrant la porte à la variabilité et à l'interprétation, le réseau peut produire des résultats qui, tout en s'appuyant sur l'ensemble de données original, sont uniques.

Des questions éthiques et philosophiques se posent lorsque l'on parle d'IA créative. Par exemple, un algorithme peut-il vraiment faire preuve d'imagination ? Et si c'est le cas, qui détient les droits sur l'œuvre d'art ou la musique générée ? Ce sont des questions qui n'ont pas de réponses faciles, mais qui stimulent la réflexion sur ce que signifie être créatif et, plus généralement, sur ce que signifie être humain dans une ère dominée par l'intelligence artificielle.

Mais l'IA créative ne se limite pas au monde de l'art et de la culture. Imaginez un système d'IA capable de concevoir de nouveaux médicaments ou des matériaux avancés, en exploitant sa "créativité" pour découvrir des combinaisons de molécules que les scientifiques n'auraient pas encore envisagées. Ou encore, imaginez un assistant virtuel qui ne se contente pas d'organiser votre agenda, mais qui le fait d'une manière si intuitive et personnelle qu'il semble presque être le prolongement de votre pensée.

Pour bien comprendre l'IA créative, il est essentiel non seulement d'étudier ses applications pratiques, mais aussi de se plonger dans le débat éthique et philosophique qui l'entoure. Alors que les concepteurs, les ingénieurs et les artistes continuent de repousser les limites de ce que l'IA peut faire, il nous incombe, en tant que société, de réfléchir aux implications de cette forme révolutionnaire d'intelligence et à la responsabilité qui nous incombe d'en façonner le chemin.

L'IA créative n'est pas simplement un exercice de programmation ou d'ingénierie. Il s'agit d'une intersection fascinante entre l'art et la science, un territoire inexploré où la machine et l'homme collaborent pour donner naissance à quelque chose qui est plus que la somme de ses parties. Si l'IA traditionnelle est axée sur l'optimisation et l'efficacité, l'IA créative se concentre sur l'innovation et l'originalité.

Souvent, la première étape pour plonger dans le monde de l'intelligence artificielle créative consiste à choisir les bons outils et logiciels. Nombreux sont ceux qui pensent qu'il s'agit d'un simple acte technique, un peu comme le choix du bon pinceau pour une peinture. Mais en réalité, les outils et les logiciels peuvent façonner le type de créativité qu'il sera possible d'exprimer.

Prenons, par exemple, des logiciels tels que TensorFlow ou PyTorch. Il s'agit de cadres d'apprentissage profond qui offrent un large éventail d'algorithmes et de bibliothèques prêtes à l'emploi pour faciliter le développement. Mais ce qui est vraiment passionnant, c'est qu'ils offrent une incroyable flexibilité, permettant aux développeurs d'explorer de nouvelles architectures neuronales et méthodes d'optimisation qui peuvent être spécifiquement conçues pour des tâches créatives. C'est là toute la beauté de l'IA créative : elle n'est pas limitée par les paramètres d'une seule application ou d'une seule industrie.

Un autre outil clé de l'IA créative est le réseau adversarial génératif (GAN). Ces modèles ont la capacité d'"imaginer" de nouvelles entités sur la base des données avec lesquelles ils ont été formés. Lorsqu'on leur soumet un ensemble de peintures de Monet, par exemple, ils peuvent générer de nouvelles œuvres d'art qui capturent le style et l'essence du maître, tout en étant des œuvres originales à part entière. Les applications sont extraordinaires, qu'il s'agisse de créer de nouveaux modèles pour la mode ou de simuler des environnements pour la réalité virtuelle.

Des outils comme le GPT-3, en revanche, ont ouvert la voie à la créativité textuelle. Les écrivains, les journalistes et même les compositeurs commencent à utiliser ces modèles pour générer un contenu qui peut être aussi émotionnel et convaincant que celui créé par les humains. La fascination réside dans la façon dont ces machines peuvent assimiler une énorme quantité d'informations et produire quelque chose de nouveau, quelque chose qui dépasse la simple reproduction.

Mais tout n'est pas lié à la technologie pure. Le facteur humain reste indispensable. Les outils et les logiciels ne sont que des moyens d'exprimer une vision, une idée ou un concept. Sans les conseils avisés d'une personne qui comprend à la fois l'art et la science de la créativité, même l'intelligence artificielle la plus sophistiquée sera limitée. Et c'est là que réside la véritable magie de l'intelligence artificielle créative : dans la synergie entre la capacité de la machine à traiter efficacement les données et l'intuition humaine de la beauté, de l'émotion et du sens.

Alors que nous explorons les outils et les logiciels, gardons à l'esprit qu'ils ne sont qu'un point de départ. La véritable aventure commence lorsque nous acceptons le dialogue permanent entre la créativité humaine et les possibilités infinies offertes par la technologie. C'est un voyage qui promet de réécrire les règles non seulement de ce que les machines peuvent faire, mais aussi de ce que l'humanité peut devenir.

Dans le paysage technologique actuel, l'intelligence artificielle (IA) est devenue un mot à la mode qui occupe les gros titres, les écrans de conférence et les tables des conseils d'administration. Si beaucoup parlent d'algorithmes et de données, rares sont ceux qui saisissent une nuance fondamentale de l'IA : sa capacité à être créative. Oui, vous avez bien lu. Les algorithmes peuvent être programmés non seulement pour effectuer des calculs ou des opérations logiques, mais aussi pour générer du contenu original, résoudre des problèmes de manière innovante et même composer de la musique ou de l'art.

Au cœur de l'IA créative se trouvent les algorithmes dits génératifs, des mécanismes informatiques conçus pour produire quelque chose de nouveau. Par exemple, les réseaux neuronaux génératifs peuvent créer des images réalistes à partir de rien, tandis que les algorithmes d'apprentissage par renforcement peuvent inventer des stratégies pour gagner à des jeux complexes tels que le jeu de Go ou les échecs, qui requièrent un haut degré d'inventivité stratégique. C'est un monde fascinant qui se révèle au-delà des chiffres et des statistiques, un monde dans lequel l'IA remet en question nos conceptions traditionnelles de la créativité et de l'innovation.

Cela ouvre un éventail de possibilités en termes d'applications pratiques. Prenons l'exemple de l'industrie pharmaceutique. Ici, l'IA créative peut aider à identifier de nouvelles molécules ou combinaisons de médicaments plus efficaces et avec moins d'effets secondaires. Imaginez un algorithme qui "imagine" une nouvelle molécule, analyse sa structure, la teste dans des simulations virtuelles et propose enfin à des scientifiques humains de la synthétiser pour des tests plus poussés. Non seulement cela accélère le processus de découverte, mais cela ouvre également la voie à des traitements plus efficaces et plus sûrs.

Dans le domaine des arts, l'IA créative est déjà une réalité en pleine évolution. Les algorithmes peuvent désormais générer des œuvres d'art, composer des morceaux de musique et même écrire des nouvelles. Et il ne s'agit pas d'une simple réplication ou modification de ce qui existe déjà ; ces systèmes sont capables de créer quelque chose de totalement nouveau, en suivant les principes esthétiques ou narratifs établis par leurs créateurs humains. De même, dans le monde du design et de l'architecture, les algorithmes génératifs sont utilisés pour concevoir des modèles uniques, optimiser l'utilisation de l'espace et même simuler l'impact environnemental de nouveaux bâtiments avant leur construction.

Cependant, un grand pouvoir s'accompagne aussi d'une grande responsabilité. Alors que nous explorons le potentiel de l'IA créative, nous devons également prendre en compte les implications éthiques et sociales. Qui détient les droits d'auteur d'une œuvre d'art générée par un algorithme ? Comment pouvons-nous garantir que la créativité artificielle n'est pas utilisée à des fins malveillantes ou manipulatrices ? Ces questions exigent une réflexion approfondie et un débat ouvert entre scientifiques, artistes, philosophes et législateurs.

L'IA créative n'est pas seulement un concept académique ou une curiosité technologique ; c'est un domaine émergent qui promet de révolutionner notre façon de travailler, de créer et même de vivre. De la mise au point de nouveaux médicaments à la composition de symphonies, de l'optimisation des systèmes de transport à l'enrichissement de nos expériences culturelles, les applications sont aussi vastes que fascinantes. Mais pour naviguer avec sagesse et intégrité sur ce territoire inexploré, il est essentiel de comprendre non seulement comment fonctionne l'IA créative, mais aussi quelles sont ses limites, ses risques et ses incroyables opportunités. C'est pourquoi l'éducation et la réflexion critique sur ce sujet sont plus importantes que jamais.

L'intelligence artificielle, ou IA, est souvent associée à des tâches rigoureusement analytiques et mathématiques, allant du diagnostic médical à la gestion du trafic automobile. Mais l'un des domaines les plus fascinants du développement de l'IA est celui de la créativité. Oui, nous parlons d'algorithmes capables de peindre, de composer de la musique, d'écrire des poèmes et même de concevoir de nouveaux modèles. Entrons dans le vif du sujet en examinant les bases de l'IA créative et le rôle crucial des données et de l'apport créatif.

Il est essentiel de comprendre que l'IA créative ne naît pas dans un vide isolé ; il s'agit d'une combinaison habile de modèles mathématiques, de représentations de données et d'algorithmes d'apprentissage. L'une des premières questions qui se pose est la suivante : comment un ordinateur, une machine conçue pour effectuer des calculs, peut-il être "créatif" ? La réponse réside en grande partie dans la complexité et la flexibilité des algorithmes d'apprentissage profond. Ces algorithmes ne se contentent pas d'apprendre des modèles rigides ; ils sont conçus pour assimiler et traiter les informations d'une manière beaucoup plus humaine. Avec des données d'entraînement adéquates, ils peuvent "apprendre" à apporter des changements, à innover et même à surprendre.

C'est là qu'intervient l'importance des données et de l'apport créatif. Dans l'IA traditionnelle, les données sont souvent des chiffres, des statistiques ou d'autres formes d'informations quantifiables. Dans l'IA créative, les données prennent une toute autre forme. Il s'agit de coups de pinceau sur une toile, de notes de musique dans une symphonie ou même des tonalités émotionnelles subtiles d'un poème. Ces données "créatives" constituent le terreau fertile dans lequel l'IA peut semer les graines de la créativité. Sans un ensemble de données bien sélectionnées et très spécifiques, même le modèle d'apprentissage profond le plus avancé sera stérile en termes de capacités créatives.

Mais ce n'est pas tout. Une fois que le modèle d'IA a assimilé ces données, l'étape suivante consiste à les interpréter et à les manipuler de manière créative. Prenons l'exemple d'un algorithme d'IA qui crée de l'art visuel. Une fois entraîné sur des milliers de peintures, des peintures classiques aux œuvres contemporaines, l'algorithme peut commencer à générer des images qui intègrent des éléments de différents styles, créant ainsi quelque chose de complètement nouveau, tout en étant remarquablement familier.

N'oublions pas, cependant, que l'IA créative n'est pas une entité isolée ; c'est une collaboration entre l'homme et la machine. Les artistes, les musiciens et les créatifs de toutes sortes peuvent utiliser l'IA comme un outil pour étendre leurs capacités et explorer de nouveaux horizons artistiques qui seraient autrement inaccessibles. C'est là que les choses deviennent vraiment intéressantes : lorsque l'IA créative devient un amplificateur de la créativité humaine, plutôt qu'un substitut.

Le chemin vers une véritable IA créative est pavé de défis éthiques et philosophiques. Qui détient les droits d'une œuvre d'art générée par un algorithme ? Quelle est la valeur intrinsèque d'une composition musicale générée par une machine ? Ce sont des questions auxquelles la société dans son ensemble sera confrontée à mesure que l'IA créative continuera d'évoluer et de brouiller les frontières entre l'ingénierie et l'art, la science et la créativité.

Ainsi, alors que nous entrons dans l'ère de l'IA créative, il est impératif que nous regardions au-delà de la simple mécanique des algorithmes et que nous nous concentrions sur le cœur de l'expérience humaine : la capacité de créer, d'innover et de s'exprimer d'une manière qui transcende le code et l'informatique. C'est un voyage qui nous obligera à reconsidérer nos définitions mêmes de l'art, de la créativité et, en fin de compte, de ce que signifie être humain.

CHAPITRE 3 : L'IA DANS LA MUSIQUE

Dans le paysage artistique contemporain, l'intelligence artificielle devient de plus en plus un personnage de premier plan, une sorte de virtuose qui se joint aux compositeurs et aux arrangeurs pour créer de nouvelles harmonies. Il ne s'agit pas d'un simple outil d'assistance, mais d'un interlocuteur artistique capable de suggérer des pistes créatives, de changer les paradigmes esthétiques et de remettre en question les conventions de la tradition musicale.

Si nous nous détachons un instant de l'idée préconçue selon laquelle l'art est le domaine exclusif de l'intuition et de l'âme humaines, nous pouvons découvrir comment l'intelligence artificielle, grâce aux algorithmes et à l'apprentissage automatique, commence à décoder les schémas mathématiques complexes et les structures harmoniques qui sous-tendent la musique. L'IA peut analyser la fréquence, le rythme, la mélodie et même le timbre d'une composition, en traitant les données de manière si détaillée qu'il devient possible de générer de nouvelles pièces musicales ou de suggérer des variations sur des thèmes existants.

Prenons l'exemple des stations de travail audio numériques (DAW) modernes qui intègrent des fonctions basées sur l'IA pour faciliter le mixage audio ou la sélection des instruments. Un arrangeur peut utiliser ces technologies pour améliorer l'acoustique d'un morceau, obtenant souvent des résultats proches de la perfection technique, ce qui nécessiterait des heures de travail manuel et un savoir-faire considérable.

Dans le domaine de la composition, il existe des algorithmes capables de générer des structures musicales à partir d'un ensemble de règles ou d'une base de données de compositions préexistantes. Certains de ces logiciels peuvent même "apprendre" le style d'un compositeur particulier et générer de la musique qui émule cette esthétique. L'intérêt réside dans le fait qu'au fur et à mesure que la machine apprend, elle peut également suggérer des indices qui pourraient ne pas être immédiatement évidents pour les humains, précisément parce que l'IA est exempte des préjugés culturels et des limites sensorielles qui caractérisent la perception humaine.

Cependant, la collaboration entre l'intelligence artificielle et la créativité humaine soulève certaines questions éthiques et philosophiques. Qui détient les droits d'auteur d'une composition générée par l'IA ? La machine peut-elle vraiment être considérée comme un "coauteur" ? Et qu'en est-il de la crainte parfois exprimée que l'intelligence artificielle ne "remplace" le compositeur humain ?

Il n'est pas facile de répondre à ces questions. Le véritable potentiel de cette synergie réside peut-être dans la création d'un dialogue fructueux entre l'homme et la machine, une sorte de duo dans lequel chaque "musicien" apporte ses compétences uniques. Dans ce scénario, l'IA n'est ni un simple outil ni un substitut, mais un véritable partenaire créatif.

C'est une époque fascinante pour la musique, une période d'expérimentation et de découverte, où les frontières entre la technologie et l'art deviennent de plus en plus perméables. L'intelligence artificielle n'est pas seulement un outil : c'est une nouvelle lentille à travers laquelle on peut explorer l'univers vaste et complexe de la composition et de l'arrangement musicaux, un univers dans lequel la somme des parties peut en effet dépasser toutes les attentes.

À l'intersection de l'art et de la science, l'intelligence artificielle est en train de révolutionner le monde de la musique d'une manière impensable il y a seulement quelques années. Cette évolution technologique a ouvert la voie à de nouvelles formes d'expression, d'exploration et d'analyse artistiques, modifiant radicalement non seulement la façon dont la musique est produite, mais aussi la façon dont elle est interprétée et étudiée.

Pensez un instant aux algorithmes d'apprentissage automatique, qui peuvent aujourd'hui scanner un catalogue entier de musique et l'analyser pour en comprendre les éléments constitutifs, des timbres vocaux aux structures mélodiques et rythmiques. Ce type d'analyse détaillée a d'immenses implications pour la recherche musicologique. Par exemple, les algorithmes peuvent mettre en évidence les influences et les tendances entre les artistes et les genres, révélant des liens cachés et enrichissant ainsi notre compréhension de l'histoire de la musique. Les chercheurs peuvent utiliser ces informations pour découvrir et réanalyser l'évolution d'un style ou la progression d'un artiste, le tout avec une précision et une rapidité sans précédent.

Mais l'intelligence artificielle ne se limite pas à la simple analyse. Elle modifie également la façon dont la musique est créée. Les algorithmes de composition pilotés par l'IA ouvrent de nouvelles frontières à la créativité musicale. Ils génèrent des mélodies, des harmonies et même des chansons entières sur la base de données d'apprentissage, qui peuvent inclure un large éventail de sources, des grands maîtres classiques aux tubes contemporains. Cela crée un environnement fertile pour l'innovation, où les musiciens et les compositeurs peuvent collaborer avec l'IA pour explorer de nouveaux sons et de nouvelles structures. Ainsi, l'IA devient presque un compositeur ou un musicien supplémentaire, élargissant les possibilités créatives plutôt que de remplacer la touche humaine.

Par ailleurs, les techniques d'IA améliorent également la

recommandation et la personnalisation de la musique. Les plateformes de streaming telles que Spotify utilisent des algorithmes sophistiqués pour analyser les préférences des auditeurs et leur suggérer des titres susceptibles de leur plaire, créant ainsi une expérience musicale plus attrayante et personnalisée. Ces algorithmes permettent également de découvrir des talents émergents, leur offrant une plateforme et une audience qu'ils n'auraient peut-être pas eues autrement.

Il est toutefois essentiel de prendre en compte les implications éthiques et philosophiques de cette révolution. L'utilisation de la technologie pour créer ou analyser l'art soulève des questions sur les droits d'auteur, l'originalité et ce que signifie réellement être un artiste à l'ère numérique. Certains affirment que la collaboration avec l'IA pourrait diluer la valeur intrinsèque de l'expression artistique humaine. Mais ce point de vue tend à ignorer le fait que l'IA n'est qu'un outil, un moyen par lequel les artistes peuvent explorer de nouveaux sommets de créativité.

La synergie potentielle entre l'intelligence artificielle et la musique représente donc un domaine de recherche qui mérite une réflexion approfondie et une étude continue. Chaque découverte et innovation dans ce domaine ouvre de nouvelles questions et possibilités. Il ne s'agit pas seulement de savoir comment la technologie va changer la musique, mais aussi comment cette collaboration sans précédent entre l'homme et la machine peut élever l'art lui-même à de nouveaux niveaux de complexité et de beauté. Ce qui est certain, c'est que la fusion de l'intelligence artificielle et de la musique crée un paysage incroyablement dynamique et en constante évolution qui continuera d'influencer et d'inspirer des générations d'artistes, de chercheurs et d'auditeurs.

La fusion de l'intelligence artificielle et de la musique est un domaine passionnant et en constante évolution, un mariage de la science et de l'art qui a le potentiel de redéfinir à la fois la façon dont nous comprenons la musique et notre approche de l'apprentissage automatique. Il ne s'agit pas simplement d'algorithmes qui génèrent des listes de lecture personnalisées ou qui recommandent des chansons en fonction de nos écoutes précédentes. La frontière est bien plus large, et l'un des domaines les plus fascinants est l'IA performative, ou intelligence artificielle capable de jouer de manière dynamique et réactive.

Imaginez un ensemble musical composé non seulement de musiciens humains mais aussi d'agents d'intelligence artificielle, capables d'improviser en temps réel, de s'adapter au flux émotionnel de la performance et de collaborer avec les interprètes humains en tant que véritables compagnons de scène. Il ne s'agit pas d'un récit de science-fiction, mais d'une réalité émergente. Les outils d'IA de ce type peuvent non seulement interpréter les partitions, mais aussi "entendre" et "répondre" aux musiciens humains, grâce à des modèles d'apprentissage automatique sophistiqués qui analysent le timbre, le rythme et la dynamique des sons en temps réel.

L'une des applications les plus fascinantes de l'IA performative est la possibilité de repousser les limites de la composition musicale. Chaque artiste apporte avec lui une richesse d'influences, de styles et de techniques, mais un agent d'IA peut puiser dans une base de données presque infinie d'informations musicales, ce qui donne lieu à des synergies inattendues et à des empiètements entre genres. L'IA peut suggérer des progressions harmoniques inhabituelles, structurer de nouveaux types d'arrangements, voire créer des morceaux entiers à partir de simples fragments musicaux fournis par l'humain.

Cela a également un impact sur la pédagogie musicale. L'utilisation de l'IA performative comme outil d'enseignement ouvre un monde de possibilités pour les étudiants, qui peuvent bénéficier d'un retour d'information immédiat et personnalisé. Parallèlement, les enseignants peuvent utiliser ces outils pour mieux comprendre les forces et les faiblesses de leurs élèves, en individualisant les cours bien plus efficacement que ne le permettent les méthodes traditionnelles.

Cependant, la convergence de l'IA et de la musique n'est pas sans soulever des questions éthiques et philosophiques. Quelle est la place de l'artiste humain dans ce nouvel écosystème ? Comment le public perçoit-il une performance dans laquelle les "musiciens" n'ont pas tous un corps physique ou des émotions ? Et, plus fondamentalement encore, l'art généré par un algorithme peut-il vraiment être considéré comme de l'"art" au sens traditionnel du terme ?

Les réponses à ces questions sont loin d'être simples et alimentent un débat de plus en plus vif entre musicologues, informaticiens et philosophes. Mais une chose est sûre : l'intelligence artificielle a déjà laissé une marque indélébile sur le monde de la musique et continuera à le faire, ouvrant des voies inexplorées et posant des questions auxquelles nous n'aurions jamais pensé devoir faire face. La frontière entre la technologie et l'art est devenue plus perméable que jamais, et les possibilités semblent infinies. Alors que nous écoutons l'harmonie produite par la symbiose entre les silicones et les cordes vocales, il reste à voir comment cette aventure inattendue changera la façon dont nous créons, écoutons et vivons la musique.

La convergence de l'intelligence artificielle et du monde de la musique a créé un paysage sonore à la fois fascinant et plein d'inconnues juridiques et éthiques. Cette rencontre de mondes apparemment différents génère des innovations allant de la composition à la distribution, affectant profondément notre perception de la propriété intellectuelle et du droit d'auteur.

Pour comprendre le phénomène, il est essentiel de tracer l'horizon de l'intervention de l'IA dans l'industrie musicale. Les algorithmes, pilotés par de puissantes techniques d'apprentissage automatique, peuvent désormais créer des mélodies, des harmonies et même des paroles. La production musicale, autrefois domaine exclusif de l'ingéniosité humaine, se trouve désormais dans une zone grise, où l'originalité est un mélange d'ingénierie algorithmique et d'expression humaine. Certaines plateformes, comme Amper Music ou AIVA, utilisent déjà l'IA pour composer des morceaux de musique originaux. Mais que se passe-t-il lorsqu'un algorithme génère une mélodie qui ressemble à un morceau existant protégé par des droits d'auteur ?

Un premier point à considérer est la question de la propriété. Si un algorithme crée une chanson, qui détient les droits sur cette composition ? Est-ce le programmeur qui a écrit l'algorithme ? Ou l'utilisateur qui a fourni les données d'entrée ? Ou peut-être personne, puisqu'un algorithme ne peut pas, légalement, posséder de propriété intellectuelle ? Ces questions nous entraînent sur un terrain juridique inexploré, où les réglementations existantes peinent à apporter des réponses satisfaisantes.

L'incertitude juridique s'étend également à la distribution. Les plateformes de streaming telles que Spotify ou Apple Music utilisent des algorithmes de recommandation pour suggérer des titres aux utilisateurs, façonnant ainsi la consommation de musique et, indirectement, les revenus des artistes. Cela soulève la question de savoir si ces algorithmes devraient être conçus pour être plus transparents ou éthiquement responsables, en particulier lorsqu'ils peuvent favoriser ou pénaliser certains artistes ou genres.

Mais ce n'est pas tout. L'IA offre également des outils permettant de contrôler et de gérer les redevances de manière plus efficace. Des technologies telles que l'empreinte audio peuvent automatiquement identifier la musique protégée par des droits d'auteur et garantir que les artistes sont correctement rémunérés lorsque leur musique est utilisée dans des podcasts, des vidéos ou d'autres médias. Toutefois, le défi consiste à s'assurer que ces technologies sont utilisées de manière équitable et ne deviennent pas des outils de surveillance excessive ou de restriction de la liberté artistique.

Le développement rapide et inarrêtable de l'intelligence artificielle dans la musique nous place devant un certain nombre de dilemmes qu'il convient d'examiner attentivement. Il ne s'agit pas seulement de savoir qui détient les droits sur une chanson, mais aussi comment ces droits sont exercés et protégés dans un écosystème de plus en plus numérisé et mondialisé. Plus important encore, il s'agit de la nature même de l'art et de la créativité, et de la manière dont ils peuvent coexister et interagir avec les possibilités apparemment infinies offertes par la technologie. Alors que nous nous réjouissons des innovations incroyables que l'IA apporte au monde de la musique, il nous incombe d'aborder ces questions juridiques et éthiques complexes avec le sérieux et la profondeur qu'elles méritent.

L'intelligence artificielle a innové dans une myriade de domaines, mais son incursion dans le monde de la musique a une saveur particulière, presque une anomalie harmonieuse. Traditionnellement, la musique est considérée comme le dernier bastion de la créativité humaine, une forme d'art si intrinsèquement émotionnelle que l'idée même de l'automatiser semble hérétique. Mais comme beaucoup d'autres hérésies, celle-ci a été soumise à un examen rigoureux et, dans de nombreux cas, acceptée et célébrée pour sa spécificité et ses contributions.

Imaginez un instant un compositeur invisible travaillant 24 heures sur 24, générant des mélodies et des harmonies d'un simple clic. Il ne s'agit pas d'une scène tirée d'un film de science-fiction, mais d'une réalité offerte par des applications telles qu'AIVA, qui utilise des algorithmes d'apprentissage profond pour composer de la musique originale. La sophistication de ces outils est telle que la composition générée peut être indiscernable de celle créée par la main de l'homme. AIVA a même été crédité en tant que compositeur dans des bandes originales de films et de jeux vidéo, transformant ce qui était autrefois un territoire exclusivement humain en un espace partagé de créativité.

Mais la composition n'est que la partie émergée de l'iceberg. Pensez à l'analyse des big data dans la découverte de nouveaux talents. Des plateformes comme Spotify utilisent des algorithmes sophistiqués pour analyser les habitudes d'écoute et prédire quelles chansons ou quels artistes deviendront les prochains hits. Cela permet non seulement à des artistes inconnus de se faire remarquer, mais aussi d'améliorer l'expérience de l'utilisateur, qui est exposé à une musique qu'il est susceptible d'aimer mais qu'il n'aurait pas découverte autrement.

Si les algorithmes nous aident à découvrir de nouvelles musiques, les outils d'IA dans la production musicale démocratisent le processus créatif. Des logiciels tels que DADABOTS utilisent des réseaux neuronaux pour créer de la musique dans des styles spécifiques. Grâce à ces outils, même ceux qui n'ont pas de formation musicale peuvent produire des morceaux de haute qualité. Les règles du jeu sont ainsi uniformisées, ce qui permet à un plus grand nombre de personnes d'exprimer leur créativité sans la barrière d'une formation musicale formelle.

La façon dont l'IA modifie l'interaction avec la musique n'est pas moins importante. Les assistants virtuels tels qu'Alexa ou Siri peuvent désormais comprendre et répondre à des demandes musicales complexes, telles que "jouer une chanson triste des années 1980". En outre, les chatbots musicaux peuvent aider les utilisateurs à trouver la musique adaptée à leur humeur ou à leur activité, faisant de la musique une expérience encore plus personnalisée et interactive.

Alors que nous explorons ces changements, il est essentiel de réfléchir à ce qu'ils signifient pour notre conception de l'art et de la créativité. L'intelligence artificielle en musique n'est pas un substitut, mais un complément à la créativité humaine. Elle offre de nouveaux outils et de nouvelles possibilités, élargissant le tissu de notre expression artistique. Comme dans tout autre domaine transformé par l'IA, le véritable potentiel sera révélé lorsque nous apprendrons à coexister et à collaborer avec ces outils, au lieu de les considérer comme des antagonistes. C'est dans cette symbiose que réside l'avenir brillant et harmonieux de l'IA dans la musique.

CHAPITRE 4 : L'IA DANS LES ARTS VISUELS

L'intersection de l'intelligence artificielle et des arts visuels est l'un des terrains les plus fertiles et les moins explorés de l'innovation contemporaine. D'un côté, nous avons l'art, une expression inconditionnelle de l'expérience humaine qui a évolué au fil des siècles, prenant des formes aussi diverses que la peinture, la sculpture et le dessin. De l'autre, l'intelligence artificielle, une frontière technologique en plein développement qui semble être le domaine exclusif des mathématiciens et des ingénieurs. Mais que se passe-t-il lorsque ces deux sphères se rencontrent ?

La réponse est aussi surprenante que fascinante. Plusieurs plateformes d'IA sont aujourd'hui capables de générer des œuvres d'art visuelles qui ne se distinguent pratiquement pas de celles créées par des artistes humains. Des algorithmes tels que les Generative Adversarial Networks (GAN) sont capables d'apprendre à partir d'un ensemble de données constitué d'œuvres d'art existantes et de créer de nouvelles œuvres sur la base de cet apprentissage. Cependant, la question qui se pose est la suivante : ces créations peuvent-elles vraiment être considérées comme de l'art ? La réponse n'est pas simple et fait intervenir différents facteurs tels que l'intentionnalité, l'émotion et la perception culturelle.

Examinons la question de la "créativité" en peinture. Dans une peinture humaine, chaque coup de pinceau est chargé d'intentionnalité. L'artiste décide consciemment de chaque aspect du tableau, de l'utilisation des couleurs aux jeux d'ombre et de lumière. Dans le cas de l'IA, la "décision" est laissée à une série de calculs mathématiques. Certains diront que cela éloigne un élément essentiel de la définition traditionnelle de l'art, mais d'autres y voient une nouvelle forme de créativité, une sorte de collaboration entre l'homme et la machine qui pourrait déboucher sur des horizons inimaginables.

N'oublions pas le dessin, souvent considéré comme le parent le plus humble de la peinture, mais tout aussi puissant dans son impact visuel et émotionnel. Il existe déjà des algorithmes d'IA spécialisés dans le dessin, capables d'imiter des styles allant du simple croquis au portrait détaillé. Là encore, la question de la créativité est essentielle. Alors qu'un dessinateur humain peut passer des heures, des jours, voire des années à perfectionner une seule œuvre, un algorithme peut générer des centaines de dessins en une fraction de seconde. Cela soulève des questions gênantes sur la valeur et la rareté de l'art à une époque dominée par la technologie.

L'un des aspects les plus fascinants est la démocratisation potentielle de l'art visuel grâce à l'IA. Les barrières économiques qui empêchent souvent l'accès aux matériaux artistiques peuvent être surmontées grâce à l'utilisation de plateformes d'IA accessibles, permettant à toute personne disposant d'un ordinateur de créer des œuvres d'art. Bien sûr, cela pourrait avoir des répercussions sur l'écosystème artistique traditionnel, mais cela ouvre également la porte à des possibilités d'expression infinies pour les personnes qui n'auraient pas eu l'occasion d'explorer leur potentiel artistique.

Le mélange de l'intelligence artificielle et de l'art visuel est un domaine en plein essor qui modifie déjà la façon dont nous concevons la créativité, l'expression et même l'identité. Si certaines questions éthiques et philosophiques restent en suspens, une chose est sûre : l'intersection de l'IA et de l'art brouille les frontières entre l'homme et la machine, et dans ce contexte ambigu réside une nouvelle forme de beauté, prête à être découverte et appréciée.

Les lumières tamisées d'une galerie d'art projettent des ombres douces sur une série de toiles encadrées. Cependant, pour l'œil attentif, quelque chose est différent. Derrière chaque œuvre, il y a un ensemble d'algorithmes, une séquence de codes, un réseau neuronal artificiel. Nous sommes à la croisée de l'art et de l'intelligence artificielle, où les machines et les humains se rencontrent non pas pour rivaliser, mais pour collaborer à la création de quelque chose d'extraordinaire.

Dans les arts visuels, l'intelligence artificielle est utilisée pour générer des paysages de rêve et des portraits détaillés qu'il serait presque impossible de distinguer d'œuvres créées par des humains. Grâce à une analyse détaillée du contexte et des thèmes, ces IA sont capables de créer des œuvres qui non seulement fascinent sur le plan esthétique, mais qui remettent également en question notre compréhension de l'art lui-même. Elles peuvent analyser des centaines d'années d'histoire de l'art, assimiler différents styles, puis utiliser ces informations pour générer des œuvres totalement nouvelles qui restent imprégnées de la sensibilité artistique de l'humanité.

En ce qui concerne la sculpture, l'intelligence artificielle offre des outils capables de traiter la tridimensionnalité avec un degré de précision inimaginable jusqu'à présent. Pensez à la possibilité de réaliser des sculptures à partir de scans détaillés de la forme humaine ou de modèles mathématiques complexes, qui peuvent être transformés en réalité à l'aide d'imprimantes 3D. Ces technologies permettent aux artistes de dépasser les limites physiques et d'explorer de nouveaux domaines du possible.

L'IA ne s'arrête pas aux représentations statiques, elle entre aussi dans le monde des installations interactives. Dans ce contexte, elle ne se contente pas de créer, elle "réagit", s'adaptant en temps réel aux stimuli fournis par les visiteurs. Ces installations, alimentées par des capteurs et des caméras, peuvent changer d'apparence, de son ou même de "comportement" en réponse aux actions des personnes présentes. Ainsi, chaque visiteur devient en quelque sorte un co-créateur, et chaque interaction représente une variable que l'IA incorpore dans son processus d'apprentissage et d'adaptation continus.

Cet aspect est particulièrement important si l'on considère les implications éthiques et philosophiques de l'utilisation de l'IA dans les arts. D'une part, on pourrait affirmer que l'art généré par un algorithme n'a pas l'intentionnalité et l'émotivité que seul un être humain peut offrir. D'autre part, certains affirment que l'IA peut en fait enrichir le processus créatif, en offrant de nouvelles perspectives et en poussant les artistes à explorer des terrains inexplorés.

Ce qui est clair, c'est que l'intelligence artificielle est en train de réécrire les règles de l'art, remettant en question nos idées préconçues sur ce que signifie être un artiste et sur ce qu'est l'art lui-même. On pourrait dire que nous vivons une sorte de renaissance numérique, où les barrières entre la science et l'art deviennent de plus en plus floues. Dans cette nouvelle ère, l'intelligence artificielle n'est pas un simple outil entre les mains de l'artiste, mais plutôt un partenaire collaboratif, qui aide à repousser les limites de l'imagination humaine vers de nouveaux sommets inattendus.

Le dialogue entre l'intelligence artificielle et les arts visuels représente une synergie émergente qui remet en question les limites traditionnelles de l'expression créative. L'imbrication de ces deux disciplines ouvre un nouveau chapitre de l'histoire de l'art, en y introduisant une complexité et un potentiel d'innovation jamais vus auparavant. Imaginez une toile virtuelle qui n'est pas un simple espace bidimensionnel sur lequel poser de la couleur, mais un environnement dynamique et interactif qui réagit, apprend et évolue avec l'artiste.

Au-delà de la simple automatisation de tâches telles que

le dessin ou le coloriage, l'intelligence artificielle offre une nouvelle perspective, une sorte de dialogue unique avec l'artiste. Par exemple, les techniques de "transfert de style" permettent d'appliquer le style d'un peintre célèbre à une photographie ou à un autre tableau, générant des résultats qui oscillent entre le purement esthétique et le profondément évocateur. Il ne s'agit pas seulement d'un jeu de formes et de couleurs, mais d'une célébration de la complexité artistique à travers le prisme des mathématiques et des algorithmes.

Mais cette imbrication de l'art et de la technologie soulève également des questions fondamentales sur le rôle de l'artiste et la nature de l'art lui-même. Dans une réalité où un algorithme peut générer des compositions visuelles, quel devient le rôle du génie humain ? Beaucoup voient dans cette collaboration une occasion de repousser les limites de la créativité humaine, plutôt qu'une menace pour l'unicité artistique. L'artiste n'est plus seulement un créateur, il devient aussi un conservateur d'idées, un architecte des possibilités algorithmiques, quelqu'un qui guide et dirige la machine dans une danse de création collaborative.

Prenons l'exemple de la production d'art numérique. Ici, les œuvres d'art ne sont plus limitées par la physique de la toile ou la chimie des pigments. L'art numérique explore de nouveaux supports, tels que la réalité virtuelle et la réalité augmentée, offrant des expériences immersives qui vont au-delà de l'aspect visuel pour solliciter tous les sens. Un portrait numérique peut changer d'expression en fonction de l'humeur de son spectateur, ou un paysage virtuel peut évoluer au fil des saisons, imitant ou même anticipant les cycles de la nature.

La technologie a également démocratisé l'accès à l'art. Les algorithmes d'apprentissage automatique peuvent aider des personnes sans formation artistique à réaliser des compositions sophistiquées, faisant ainsi tomber les barrières traditionnelles qui séparent les "artistes" des "non-artistes". Parallèlement, l'intelligence artificielle donne naissance à de nouvelles formes d'art qui n'existent que par rapport à elle, comme les NFT, qui s'appuient sur la technologie de la blockchain pour authentifier l'unicité d'une œuvre d'art numérique.

Pourtant, alors que nous explorons ces nouvelles frontières, il est crucial de réfléchir à la manière dont l'intelligence artificielle peut influencer le discours éthique dans l'art. La question de la propriété intellectuelle est plus pertinente que jamais. À qui appartient l'art généré par l'intelligence artificielle ? Est-ce l'artiste qui a programmé l'algorithme, la machine qui a généré l'œuvre, ou une combinaison des deux ? Et qu'en est-il de l'originalité et de l'intention, concepts tellement ancrés dans notre compréhension de l'art ?

Pour naviguer dans ces eaux, il faut une compréhension holistique non seulement de la programmation et de la conception, mais aussi des théories esthétiques, éthiques et philosophiques qui sous-tendent l'art. Ainsi, la fusion de l'intelligence artificielle et des arts visuels n'est pas seulement un exercice technique ou artistique, mais un voyage interdisciplinaire qui interroge la complexité de notre monde.

L'intelligence artificielle réinvente de nombreuses sphères de la vie humaine, et l'art n'échappe pas à cette transformation. Le rôle de l'IA dans la restauration et la préservation des œuvres d'art est peut-être moins évident, mais tout aussi révolutionnaire. La préservation de l'art visuel est un défi complexe qui implique un mélange d'expertise scientifique, artistique et historique. Aujourd'hui, grâce à l'introduction d'algorithmes sophistiqués, nous pouvons apporter des solutions plus efficaces et moins invasives à ce processus.

Imaginons qu'une peinture historique, peut-être un chef-d'œuvre de la Renaissance, ait été endommagée par les intempéries ou des accidents. Les experts traditionnels utiliseraient une série de techniques pour restaurer l'œuvre, depuis les examens chimiques jusqu'aux méthodes de nettoyage en douceur. Cependant, l'étendue de ce qu'ils peuvent faire est limitée par la technologie et les informations dont ils disposent. C'est là qu'intervient l'intelligence artificielle.

Un système d'intelligence artificielle peut effectuer une analyse détaillée du tableau, identifier les matériaux utilisés, l'état de conservation et même les méthodes de peinture originales. Ces informations deviennent des outils précieux pour le restaurateur, qui peut prendre des décisions éclairées sur la manière de procéder. Par exemple, si l'algorithme identifie qu'une certaine pigmentation a été utilisée dans une zone endommagée, le restaurateur peut essayer de reproduire cette couleur exacte dans le processus de restauration.

L'IA ne se limite pas à l'analyse initiale détaillée. Imaginons le cas où une partie du tableau est tellement endommagée qu'elle est presque méconnaissable. Dans ce cas, l'IA peut être entraînée à "prédire" à quoi ressemblerait cette partie si elle était restée intacte, en se basant sur d'autres parties préservées de l'œuvre ou même sur d'autres œuvres de l'artiste. Cette sorte de "remplissage intelligent" pourrait aboutir à une restauration plus fidèle à l'intention originale de l'artiste.

Mais le champ d'application de l'IA va au-delà de la restauration physique des œuvres. Aujourd'hui, la conservation s'étend également au monde numérique. La numérisation d'une œuvre d'art est un processus complexe qui exige de prêter attention aux détails pour capturer avec précision les couleurs, les textures et les nuances. L'intelligence artificielle peut améliorer ce processus, en veillant à ce que la version numérique soit aussi proche que possible de l'original. Cela permet non seulement de faciliter l'accès à l'art pour un public mondial, mais aussi de créer des archives numériques qui pourront être utilisées pour de futurs travaux de restauration ou de recherche.

Alors que nous explorons ces nouveaux horizons, il est essentiel de réfléchir à l'éthique de l'utilisation de l'IA dans un contexte aussi sensible. L'objectif devrait toujours être d'enrichir la compréhension et l'appréciation de l'art, plutôt que de remplacer l'œil expert et la main habile du restaurateur. De cette manière, la technologie peut devenir un complément, plutôt qu'un substitut, au talent et à la compétence humaine qui ont été au cœur du monde de l'art pendant si longtemps.

Ainsi, l'intelligence artificielle ne répond pas seulement aux besoins pratiques de la restauration et de la conservation, mais elle soulève des questions intrigantes sur l'intersection de la technologie et de l'art. Cette convergence de l'ancien et du moderne, de la science et de l'esthétique, ouvre un dialogue passionnant qui pourrait façonner l'avenir de l'art et la manière dont nous le percevons et le préservons pour les générations à venir.

Le monde de l'art est en constante évolution, une scène sur laquelle la technologie et la créativité dansent dans un duo complexe. L'intelligence artificielle est l'un des partenaires les plus récents et les plus fascinants de cette danse. Si l'art était autrefois considéré comme un domaine exclusivement humain, l'IA ouvre aujourd'hui de nouveaux horizons d'exploration, enrichissant le paysage créatif de manière inimaginable.

Prenons l'exemple de la peinture générative, une discipline qui utilise des algorithmes pour créer des œuvres d'art. Les artistes programment l'IA pour qu'elle adhère à certaines règles esthétiques et structurelles, et le résultat est une collaboration dans laquelle la machine devient une sorte de co-artiste. Un exemple emblématique est le "Portrait d'Edmond de Belamy", un portrait créé par un algorithme d'apprentissage profond et vendu aux enchères chez Christie's pour 432 500 dollars. La nouvelle a fait le tour du monde, montrant que l'IA pouvait aussi créer des œuvres ayant une importance économique et culturelle.

L'utilisation de l'IA dans l'art vidéo n'est pas moins fascinante. Des réseaux neuronaux entraînés peuvent générer des animations complexes ou manipuler des vidéos existantes de manière surprenante. Le clip de la chanson "In the End" de Linkin Park, entièrement recréé par l'IA en souvenir du chanteur Chester Bennington, aujourd'hui décédé, en est un exemple. Dans ce contexte, l'intelligence artificielle ne se contente pas de créer de nouvelles formes d'art, elle contribue également à préserver et à célébrer le patrimoine culturel.

Outre la création, l'intelligence artificielle révolutionne également l'appréciation et la préservation de l'art. Il suffit de penser aux systèmes de reconnaissance visuelle utilisés dans les musées. Les algorithmes peuvent identifier et cataloguer les œuvres d'art, facilitant ainsi la découverte et l'étude. À un niveau plus avancé, l'IA peut également aider à restaurer des œuvres d'art endommagées, en prédisant à quoi elles ressembleraient si elles avaient été conservées dans leur forme originale.

Et si je vous disais que l'IA peut même repousser les limites de l'interprétation artistique ? Imaginez un algorithme analysant les émotions exprimées dans un tableau et suggérant une bande sonore appropriée. Ainsi, l'art visuel et la musique fusionneraient en une expérience multisensorielle, offrant au public une compréhension plus profonde du message émotionnel d'une œuvre.

Mais, comme dans toute évolution, des questions éthiques et philosophiques se posent. Qui détient les droits d'auteur d'une œuvre générée par l'IA ? Quel est le rôle de l'artiste humain dans un monde où les machines peuvent créer ? Ces questions ajoutent une couche de complexité supplémentaire à la conversation et méritent d'être examinées attentivement.

Dans le paysage contemporain, où la technologie se mêle à la créativité de manière de plus en plus sophistiquée, l'intelligence artificielle dans les arts visuels représente une frontière inexplorée. Une frontière qui soulève des questions, provoque des débats, mais surtout enrichit notre façon de voir et de vivre l'art.

Dans ce dialogue entre le silicium et l'esprit, entre le code et le pinceau, réside le potentiel d'une synthèse artistique inédite, d'une nouvelle esthétique pour un nouveau millénaire.

CHAPITRE 5 : L'IA DANS LA LITTÉRATURE.

L'intelligence artificielle, autrefois reléguée aux laboratoires de recherche et aux romans de science-fiction, a fait son chemin dans presque tous les aspects de la vie quotidienne. Étonnamment, elle a également trouvé un habitat fertile dans le monde de la littérature et de l'écriture assistée. Alors que la technologie continue de se développer, son impact sur le paysage littéraire est devenu une intersection fascinante entre l'humanisme et la science.

Imaginez un écrivain en herbe assis devant son ordinateur, un stylo virtuel à la main, mais l'inspiration lui échappe. Dans ce cas, l'écriture assistée par l'IA peut jouer le rôle d'une muse cybernétique. Les plateformes d'écriture alimentées par l'IA peuvent suggérer des styles, des tons et même des intrigues, ouvrant ainsi un tourbillon de possibilités créatives. Il ne s'agit pas de remplacer l'artiste, mais d'élargir son arsenal d'outils créatifs. On peut presque considérer qu'il s'agit d'un dialogue permanent entre le créateur et son extension numérique, une collaboration dans laquelle chacun apprend de l'autre.

L'un des aspects les plus fascinants de cette symbiose est le rôle que peut jouer l'intelligence artificielle dans l'amélioration de la qualité de l'écriture elle-même. L'IA peut analyser des textes complexes, détecter des incohérences dans l'intrigue ou le style, et suggérer des changements qui peuvent transformer une bonne histoire en chef-d'œuvre. Au-delà de la simple correction grammaticale, les algorithmes peuvent même fournir un retour d'information contextuel sur des aspects tels que le rythme de la narration, la cohérence des personnages et la plausibilité des événements. C'est un domaine où la tradition littéraire et la technologie se rencontrent pour affiner l'art de la fiction.

Cependant, il est essentiel de réfléchir aux implications éthiques d'une telle implication. Une histoire générée par un algorithme peut-elle être considérée comme une œuvre d'art ? Et si oui, qui en détient les droits ? Ces questions restent ouvertes et nécessitent un examen approfondi de la part d'experts dans les domaines juridique, éthique et artistique. Il est essentiel d'aborder ces questions avec la sensibilité nécessaire pour que l'intelligence artificielle soit un allié et non un adversaire dans le domaine de la créativité humaine.

Un autre aspect qui mérite l'attention est l'accessibilité. Avec l'avènement des plateformes d'écriture basées sur l'IA, même ceux qui n'ont pas de formation littéraire formelle peuvent explorer le monde des mots et des idées. Cela démocratise l'art de l'écriture dans une certaine mesure, en le rendant plus inclusif et plus diversifié. Mais cela soulève également la question de la qualité. Dans un monde où tout le monde peut écrire et publier, comment maintenir les normes élevées qui caractérisent la grande littérature ?

L'intelligence artificielle dans la littérature et l'écriture assistée est une frontière fascinante qui promet de redessiner les contours de l'imagination humaine. Alors que nous nous aventurons sur ce territoire inexploré, il est essentiel que nous le fassions avec un sentiment de curiosité, mais aussi avec une éthique inébranlable, en équilibrant les possibilités infinies offertes par la technologie avec le respect de la profondeur et de la complexité de l'expérience humaine. Ainsi, comme dans une histoire bien écrite, la tension entre l'homme et la machine offre non seulement un conflit mais aussi une résolution, dans un récit qui reste à écrire.

L'intelligence artificielle révolutionne un grand nombre de

domaines, de la médecine à l'ingénierie, mais l'une de ses applications les plus fascinantes et les moins bien comprises se trouve dans le domaine de la littérature et de l'analyse textuelle. Dans ce domaine, l'IA offre non seulement un nouvel outil pour sonder les textes, mais aussi la possibilité d'ouvrir des horizons de compréhension au-delà du simple décodage des mots et des phrases.

Lorsque nous parlons d'analyse textuelle par l'IA, nous faisons référence à un ensemble complexe d'algorithmes et de modèles d'apprentissage automatique qui nous permettent d'extraire, d'organiser et d'interpréter des informations à partir de grandes quantités de textes. Pensez aux romans de Tolstoï ou aux écrits philosophiques de Kant ; ces textes peuvent être si denses et complexes que même les humains les plus expérimentés peinent à en saisir toutes les nuances. L'IA peut accélérer ce processus, en révélant des modèles cachés et des relations sémantiques qui pourraient échapper à l'œil humain.

Un exemple de ce potentiel est la catégorisation automatique des sujets. Supposons que nous disposions d'une bibliothèque numérique contenant des milliers de romans. Un algorithme pourrait examiner ces textes et les classer en fonction d'un ensemble de thèmes ou de motifs récurrents, tels que l'amour, la guerre, la rédemption, etc. Cela facilite non seulement la recherche et la découverte pour les utilisateurs, mais offre également aux chercheurs une nouvelle façon d'interroger la littérature, en leur donnant la possibilité d'explorer la façon dont certains thèmes évoluent dans le temps ou varient d'un auteur à l'autre.

De même, l'analyse des sentiments, qui évalue les émotions véhiculées par le texte, peut fournir des informations précieuses. Imaginez que vous puissiez suivre l'évolution émotionnelle d'un personnage de roman tout au long de l'intrigue. Ou d'analyser comment l'intensité émotionnelle varie dans les différentes scènes d'une tragédie de Shakespeare. Les implications d'une telle approche vont de la critique littéraire à la psychologie, offrant de nouveaux moyens de comprendre comment la littérature interagit avec l'esprit humain.

Mais l'analyse textuelle pilotée par l'IA a également des implications plus larges. Pensez aux études interdisciplinaires, où la littérature est souvent examinée en relation avec des contextes historiques, sociaux ou politiques. L'IA peut aider à identifier rapidement des références ou des concepts particulièrement saillants à une époque ou dans un lieu donné, offrant ainsi une image plus mûre et plus diversifiée de l'interaction entre le texte et le contexte.

Néanmoins, il est essentiel de faire preuve de prudence. Les algorithmes, aussi perfectionnés soient-ils, ne sont pas infaillibles et peuvent être influencés par des biais inhérents aux données sur lesquelles ils sont entraînés. De plus, il existe un risque de superposer des interprétations mécaniques aux interprétations humaines, réduisant la littérature à un ensemble de données à traiter, plutôt qu'à une forme d'art qui explore la condition humaine dans toute sa complexité.

La synergie entre l'intelligence artificielle et la littérature est donc un domaine fertile, plein de promesses mais aussi de défis. Comme dans toutes les relations homme-machine, le succès dépendra de notre capacité à utiliser la technologie pour amplifier nos idées, plutôt que de les remplacer. Ainsi, alors que nous continuons à écrire et à lire, à discuter et à débattre, l'intelligence artificielle sera là, compagne silencieuse mais puissante, nous aidant à voir au-delà des mots, au cœur même de l'expérience humaine.

Dans la littérature contemporaine, l'intelligence artificielle écrit un nouveau chapitre, littéralement et métaphoriquement. L'une des applications les plus intrigantes et peut-être les moins discutées de cette technologie révolutionnaire se trouve dans le domaine de la narration générative ou, si vous préférez, du récit génératif. Ici, l'intelligence artificielle ne se contente pas d'analyser des textes ou de rechercher des auteurs ; elle va plus loin en faisant ce que les humains font autour du feu depuis des milliers d'années : raconter des histoires.

Imaginez un algorithme capable de construire des intrigues cohérentes, de développer des personnages multidimensionnels et de situer les histoires dans des mondes réalisés en détail. Il est vrai que ce sujet soulève également un certain nombre de questions éthiques et philosophiques, telles que la signification de la créativité et le rôle de l'auteur dans le processus de narration. Mais quels que soient les dilemmes qu'elle pose, la technologie de la narration générative offre un terrain fertile pour l'exploration de nouvelles frontières narratives.

Les applications pratiques sont variées. Imaginons un auteur aux prises avec ce que l'on appelle le "syndrome de la page blanche". Un algorithme d'IA pourrait suggérer différentes directions dans lesquelles l'histoire pourrait évoluer, libérant ainsi l'auteur de cette impasse créative gênante. Ou encore, considérons les mondes immersifs des jeux vidéo, où les histoires peuvent être menées de manière dynamique et réactive en fonction des choix du joueur. Une IA pourrait créer des intrigues secondaires, générer des dialogues réalistes et même réagir intelligemment aux actions du joueur, créant ainsi une expérience de jeu vraiment unique à chaque fois.

Mais tout n'est pas rose. Comme pour toute technologie émergente, il y a des défis à relever. Par exemple, il est légitime de s'assurer que le langage généré par l'IA tient compte des spécificités culturelles et ne perpétue pas de stéréotypes nuisibles. La question de la propriété intellectuelle est une autre zone grise : si une IA génère une histoire ou un personnage, à qui appartient ce contenu ? Au programmeur qui a créé l'algorithme, à l'utilisateur qui a fourni les données initiales, ou peut-être à l'IA elle-même ?

Et qu'en est-il de la qualité de l'écriture ? Bien que les algorithmes soient devenus de plus en plus sophistiqués, il leur manque souvent cette étincelle émotionnelle, cette touche de brio qui distingue une grande histoire d'une simple bonne. Les nuances émotionnelles, le rythme de l'histoire et la capacité à surprendre le lecteur sont des domaines dans lesquels les écrivains humains excellent et qui, du moins pour l'instant, semblent échapper aux machines.

Malgré ces préoccupations, il est clair que l'intelligence artificielle a beaucoup à offrir au monde de la littérature et de la narration. Les possibilités sont vastes et largement inexplorées, offrant l'opportunité d'une véritable symbiose entre l'homme et la machine. Dans ce réseau complexe de codes et de mots, notre compréhension de la narration, et peut-être même de nous-mêmes, est appelée à évoluer d'une manière que nous ne pouvons qu'imaginer aujourd'hui.

L'intelligence artificielle a infiltré un large éventail de domaines, de l'ingénierie à la médecine en passant par l'art et la littérature. Si l'idée d'une machine composant des poèmes ou des nouvelles relevait autrefois de la pure science-fiction, il s'agit aujourd'hui d'une réalité tangible et en constante évolution. La navigation dans les mots et les idées, domaines traditionnellement considérés comme un bastion de l'expérience humaine, est devenue un nouvel horizon pour les algorithmes avancés.

Imaginez un instant l'IA comme un jeune apprenti, absorbant les styles, les structures et les thèmes de la littérature mondiale. Formée à partir d'une vaste bibliothèque numérique, cette IA pourrait générer des textes dans une variété de genres et de styles, de la prose épique à l'opéra moderne. Dans ce cadre, la machine ne se contente pas d'imiter les techniques des auteurs, elle offre également de nouvelles possibilités d'expérimentation en matière de forme et de contenu.

Il ne s'agit pas d'une simple simulation. L'intelligence artificielle peut générer des œuvres qui repoussent les limites de l'art littéraire. Par exemple, certains algorithmes d'apprentissage automatique ont déjà démontré leur capacité à créer des poèmes qui capturent l'essence émotionnelle d'un moment, d'un concept ou d'une expérience. Les algorithmes peuvent analyser les schémas linguistiques et rythmiques qui évoquent des états émotionnels particuliers, ce qui permet de créer des œuvres qui trouvent un écho profond chez le lecteur.

Mais il y a aussi des défis éthiques et philosophiques. La question de la propriété intellectuelle devient nébuleuse lorsqu'une machine est l'auteur. À qui appartient la poésie générée par un algorithme ? S'agit-il du produit de l'ingéniosité humaine qui a formé la machine ou d'une œuvre sans auteur défini ? En outre, le risque de plagiat est amplifié, car l'IA peut générer des textes qui ressemblent étroitement aux œuvres sur lesquelles elle a été formée.

On peut également craindre que l'IA ne dilue la richesse et la complexité de la littérature humaine. Si les machines peuvent écrire efficacement des sonnets ou des romans, qu'adviendra-t-il de l'art de raconter des histoires, de l'unicité de la voix humaine ? N'oublions pas que la littérature est un moyen d'explorer la condition humaine, avec toutes ses imperfections et ses contradictions. Une machine, aussi perfectionnée soit-elle, peut-elle vraiment rendre compte de cette profondeur ?

Mais c'est peut-être dans cette tension entre l'humain et le mécanique que réside le plus grand potentiel d'innovation. L'intelligence artificielle peut agir comme un miroir, reflétant non seulement ce que nous savons, mais aussi ce que nous pourrions devenir. Elle peut nous inciter à nous interroger sur ce que signifie être créatif, sur ce que signifie être humain. Lorsque les machines apprendront à écrire, nous découvrirons peut-être qu'elles ont aussi quelque chose à nous apprendre : une nouvelle forme de syntaxe, une nouvelle métrique, ou peut-être, de manière plus inattendue, une nouvelle forme d'empathie et de compréhension.

L'intersection de l'IA et de la littérature est un paysage en évolution rapide, plein de possibilités et d'écueils. Mais une chose est sûre : l'écriture, cet art ancien d'expression et d'exploration, ne sera plus jamais la même. Et peut-être que, dans l'ordre des choses, c'est une chose qu'il faut accueillir avec curiosité plutôt qu'avec crainte.

L'intelligence artificielle, force motrice de l'innovation dans des domaines tels que la médecine, l'ingénierie et l'industrie, trouve également une place de plus en plus pertinente dans la littérature. Les robots et les algorithmes ne jouent pas seulement un rôle dans la narration ; l'IA devient elle-même un acteur du processus créatif, aidant les auteurs et générant même du contenu de manière indépendante. Ce croisement de la technologie et de la créativité soulève des questions éthiques et sociales qui méritent d'être explorées avec soin.

Pensez, par exemple, à la possibilité pour un algorithme d'écrire un roman. Les outils d'écriture assistée par l'IA peuvent suggérer des intrigues, développer des personnages et même générer des dialogues, libérant ainsi les auteurs de certaines des étapes les plus laborieuses du processus créatif. Mais à qui appartiennent ces histoires ? La valeur artistique et intellectuelle d'une œuvre change-t-elle si un algorithme contribue de manière significative à sa création ?

Il ne s'agit pas seulement de questions de propriété intellectuelle ; la présence de l'IA dans le domaine de la littérature soulève également des questions plus larges liées à l'identité culturelle et sociale. Par exemple, les algorithmes formés sur de vastes ensembles de données linguistiques peuvent involontairement perpétuer les stéréotypes et les préjugés présents dans le discours humain. Un roman généré par l'IA pourrait ainsi risquer de renforcer des visions du monde problématiques plutôt que de les remettre en question, comme la grande littérature aspire souvent à le faire.

Il faut également tenir compte de l'accessibilité. Si les maisons d'édition adoptent largement les outils d'IA, il sera de plus en plus facile pour les auteurs de générer du contenu à un rythme plus rapide. Cela pourrait rendre le marché de l'édition encore plus saturé qu'il ne l'est déjà, avec le risque de marginaliser les auteurs émergents qui n'ont pas accès à ces technologies de pointe. Dans un monde où l'IA devient un outil littéraire courant, comment s'assurer que les voix les plus discrètes ne sont pas étouffées ?

Un autre aspect éthique concerne le lien émotionnel que les lecteurs établissent avec les auteurs. La littérature est un moyen d'entrer en contact avec d'autres esprits humains, d'explorer de nouvelles perspectives et de s'engager dans des pensées et des sentiments qui peuvent être très différents des nôtres. Si un algorithme peut reproduire le génie d'un grand écrivain, qu'adviendra-t-il de ce lien ? Accepterons-nous volontiers d'être émus par les mots d'une machine, ou nous sentirons-nous trompés, privés d'une expérience authentique ?

Ces questions posent des défis qui vont bien au-delà des implications juridiques et commerciales. Elles touchent au cœur de ce que signifie être humain à une époque d'évolution technologique rapide. Alors que nous continuons à intégrer l'IA dans nos vies, y compris dans la sphère littéraire, nous devons procéder avec prudence, en gardant à l'esprit les impacts éthiques et sociaux. Après tout, la littérature est un miroir qui reflète les complexités de la condition humaine. Il est essentiel qu'elle continue à le faire avec précision et empathie, même à l'ère de l'intelligence artificielle.

CHAPITRE 6 : L'IA
DANS LE CINÉMA ET
LE DIVERTISSEMENT

Le monde du cinéma et du divertissement a toujours été un laboratoire expérimental pour les technologies émergentes. L'évolution technologique n'a jamais été un simple accessoire, mais souvent un catalyseur de nouvelles possibilités narratives et artistiques. Dans le contexte contemporain, l'intelligence artificielle devient un acteur discret mais incisif, influençant à la fois le processus créatif et l'appréciation des œuvres.

Imaginez un contexte de production cinématographique dans lequel un algorithme d'intelligence artificielle est impliqué dès la phase de préproduction. Tout commence généralement par une idée, une lueur d'histoire que l'auteur souhaite porter à l'écran. C'est là qu'intervient l'intelligence artificielle, capable d'analyser des milliers de scénarios, d'identifier les intrigues gagnantes et de suggérer des éléments susceptibles de rendre l'histoire plus convaincante ou plus cohérente. Il ne s'agit pas de remplacer le génie humain, mais de l'enrichir, en fournissant un outil analytique capable de détecter des schémas et des tendances qui pourraient échapper même au scénariste le plus expérimenté.

Mais l'implication de l'intelligence artificielle ne s'arrête pas à l'étape de l'écriture. Pensez au story-board, cette séquence de dessins préparatoires utilisés pour visualiser l'aspect et l'ambiance du film avant sa réalisation. Des logiciels d'intelligence artificielle, spécialisés dans l'interprétation et la génération d'images, peuvent désormais aider à la conception de ces panneaux, en suggérant des compositions de scènes ou même des modifications de la cinématographie susceptibles d'améliorer le produit final.

Il n'est pas exagéré de dire que l'intelligence artificielle peut même influencer la phase de post-production. Les algorithmes d'apprentissage automatique sont formés à l'étalonnage des couleurs, à l'optimisation des effets visuels et même au montage du film, ce qui accélère des processus qui nécessiteraient des heures de travail manuel et permet au réalisateur de se concentrer sur des décisions plus créatives et moins techniques.

Et qu'en est-il de l'appréciation des œuvres ? Dans ce domaine aussi, l'intelligence artificielle ouvre des horizons inespérés. Les plateformes de streaming utilisent des algorithmes sophistiqués pour recommander des films et des séries télévisées sur la base d'une analyse détaillée des goûts des utilisateurs. Un nouveau genre de cinéma interactif pourrait également voir le jour, dans lequel le public, par son comportement ou ses commentaires, peut influencer le cours de l'intrigue en temps réel, grâce à des scénarios dynamiques gérés par l'intelligence artificielle.

Alors que nous explorons ces frontières, il est crucial de se rappeler que la technologie est un outil et non une fin. L'intelligence artificielle dans le cinéma et le divertissement amplifie les capacités humaines, mais elle ne peut pas remplacer l'intuition, la sensibilité et le génie créatif qui sont le cœur battant de toute grande œuvre d'art. Ce qui est certain, c'est que les frontières entre l'homme et la machine deviennent de plus en plus floues, et c'est dans ce dialogue complexe que pourraient naître les histoires mémorables du futur.

La magie qui se cache derrière la création de mondes fantastiques, de personnages incroyables et de scènes à couper le souffle dans les films et les divertissements est souvent attribuée au génie créatif des artistes et des cinéastes. Et si je vous disais qu'une grande partie de cette magie est générée par des algorithmes et des modèles d'intelligence artificielle ? Oui, c'est vrai ; l'IA est en train de révolutionner la façon dont nous consommons et produisons des divertissements, rendant la réalité numérique presque indiscernable de la vie réelle.

Commençons par la manière dont l'IA est appliquée à la production d'effets spéciaux. Prenons l'exemple de la technologie de capture de mouvements, qui permet de capturer les mouvements humains et de les traduire en animations numériques. Dans le passé, ce processus nécessitait une postproduction lourde et l'intervention manuelle d'artistes pour affiner chaque détail. Aujourd'hui, des algorithmes d'apprentissage automatique peuvent analyser des données brutes et générer des animations de haute qualité avec une supervision minimale, ce qui réduit à la fois le coût et le temps de production.

La création d'environnements numériques constitue une autre avancée spectaculaire. Les développeurs utilisent l'IA pour générer des paysages complexes et détaillés, tels que des forêts complexes ou des villes futuristes, qu'il serait trop coûteux, voire impossible, de créer manuellement. Ces environnements sont non seulement visuellement époustouflants, mais aussi dynamiques ; ils peuvent changer en temps réel en fonction des actions des personnages, ce qui rend l'expérience beaucoup plus immersive pour le spectateur.

Le rôle de l'IA dans l'amélioration du maquillage numérique et des prothèses virtuelles n'est pas moins important. Par exemple, il est possible de vieillir ou de rajeunir un acteur de manière réaliste grâce à des algorithmes qui comprennent comment les traits du visage changent avec le temps. Cette capacité à manipuler l'apparence humaine dépasse largement les limites des prothèses traditionnelles, offrant aux cinéastes une liberté créative sans précédent.

Mais ce qui rend vraiment passionnante l'utilisation de l'IA dans ce domaine, c'est sa capacité à apprendre et à s'améliorer en permanence. Chaque film, chaque scène, chaque image constitue un ensemble de données qui peut être utilisé pour affiner les algorithmes. Cela signifie que nous n'en sommes qu'au début de ce qui peut être réalisé. Au fur et à mesure que les techniques d'apprentissage automatique deviennent plus sophistiquées, nous pourrions atteindre un point où les créations numériques seront impossibles à distinguer de la réalité.

L'IA n'est donc pas seulement un outil technique, c'est un compagnon de route dans la quête artistique. Elle représente une extension de la palette d'outils à la disposition des créateurs, repoussant les limites du possible. Alors que les puristes pourraient faire valoir que l'utilisation intensive de la technologie pourrait diminuer l'élément humain dans l'art, il est essentiel de reconnaître que l'IA est un outil, et non un substitut. Les artistes restent au centre du processus créatif ; l'IA ne fait qu'élargir les possibilités qui s'offrent à eux.

Ainsi, la prochaine fois que vous serez fasciné par une scène de film ou un effet visuel époustouflant, n'oubliez pas qu'un algorithme est peut-être à l'origine de cette beauté, travaillant en harmonie avec le génie humain pour donner vie à cette vision. C'est ce mariage de l'art et de la science qui rend l'ère moderne du divertissement si extraordinairement fascinante.

Imaginez un monde où l'art cinématographique et l'expérience du divertissement atteignent une nouvelle dimension, un niveau où la réalité et la fiction semblent se fondre sans distinction. C'est le domaine émergent où l'intelligence artificielle (IA) rencontre le cinéma et le divertissement. La narration, l'animation, la conception des personnages et même la réalisation ne sont que quelques-uns des domaines dans lesquels l'IA laisse une empreinte indélébile.

Si vous avez déjà regardé un film d'animation moderne ou une simulation de jeu et que vous vous êtes demandé comment le rendu des images pouvait être aussi remarquablement réaliste, la réponse est l'utilisation croissante de techniques de rendu en temps réel alimentées par l'IA. Par essence, le rendu en temps réel est la création instantanée d'images à partir de modèles 3D, qui deviennent immédiatement visibles pour l'utilisateur. Dans le passé, ce processus nécessitait beaucoup d'efforts de calcul et de temps. Aujourd'hui, avec l'aide de l'IA, cette création peut se faire en temps réel, rendant possible une nouvelle ère d'expériences immersives.

L'IA permet de modéliser des environnements virtuels avec des détails extrêmement complexes. Imaginez une scène dans laquelle les feuilles, les brins d'herbe et même les particules de poussière sont rendus individuellement pour reproduire une réalité visuelle. C'est le souci du détail qui crée une véritable immersion, laquelle définit à son tour l'expérience du public. Les réseaux neuronaux convolutifs et les techniques d'apprentissage profond sont souvent employés pour apprendre à partir des données de texture et d'éclairage, améliorant ainsi le réalisme grâce à des modèles haute fidélité qui peuvent être calibrés et affinés en temps réel.

Outre la visualisation, l'IA transforme également la manière dont les histoires sont conçues et racontées. Les systèmes d'IA peuvent désormais analyser la structure narrative, le rythme, les thèmes et même les émotions, et suggérer des moyens d'optimiser et d'affiner le contenu. Certains studios de cinéma utilisent déjà l'IA pour prédire le succès d'un film avant sa sortie, en se basant sur des facteurs tels que l'intrigue, le genre et le casting.

Mais tout ce qui brille n'est pas de l'or. La question éthique est un élément à ne pas négliger. La propriété intellectuelle fait l'objet d'un débat croissant lorsque l'IA est impliquée dans la création artistique. Qui détient les droits d'un personnage généré par l'IA ou d'une intrigue suggérée par un algorithme ? Ces questions appellent des réponses réfléchies et des solutions législatives.

En outre, si l'IA a le potentiel de rendre les divertissements plus attrayants et personnalisés, il existe aussi le risque que la technologie soit utilisée pour créer des "deepfakes" ou d'autres manipulations visuelles susceptibles de troubler ou d'induire le public en erreur. Il est donc impératif de trouver un équilibre entre l'innovation et la responsabilité.

Ainsi, alors que nous parcourons ce paysage passionnant où l'intelligence artificielle et le cinéma convergent, nous devons être conscients à la fois de l'énorme potentiel et des défis éthiques et moraux qui émergent. Il s'agit d'un équilibre délicat qui requiert la participation des artistes, des technologues, des législateurs et, surtout, du public lui-même. L'IA dans le cinéma et le divertissement n'est pas seulement une question d'amélioration technologique, mais représente une nouvelle frontière de la créativité humaine, qui nous invite tous à être à la fois spectateurs et participants à l'élaboration de l'avenir de l'art et de la culture.

L'intelligence artificielle est une force silencieuse mais de plus en plus omniprésente qui modifie le visage de nombreuses industries. Parmi elles, le cinéma et le divertissement connaissent une révolution copernicienne grâce à l'IA. L'apport de cette technologie va bien au-delà de l'automatisation des tâches routinières ; elle s'insinue dans les plis les plus subtils de la création, de la distribution et de la commercialisation des contenus cinématographiques et de divertissement.

Imaginez la complexité de la réalisation d'un film. En plus de la narration et de l'art, il y a un énorme sous-texte d'analyse de données. À un stade précoce, l'intelligence artificielle peut analyser les scénarios et les intrigues, en les comparant aux films précédents qui ont eu du succès, afin de suggérer des changements susceptibles d'accroître l'attrait commercial. Parallèlement, des algorithmes d'apprentissage profond sont utilisés pour affiner la postproduction, de la correction des couleurs à la création d'effets spéciaux de plus en plus convaincants.

Et tandis que les salles de montage sont habitées par des IA qui collaborent avec des humains, dans le monde extérieur, d'autres algorithmes s'efforcent de comprendre le public. Les plateformes de streaming, par exemple, utilisent l'IA pour analyser le comportement des utilisateurs : ce qu'ils regardent, quand ils arrêtent de regarder, quelles scènes les incitent à partager du contenu. Ces données deviennent essentielles pour la planification de la distribution. Pourquoi envoyer un film au cinéma si l'algorithme prédit qu'il aura plus de succès en ligne ?

En matière de marketing, l'intelligence artificielle a changé la donne. Les algorithmes peuvent analyser d'énormes ensembles de données pour identifier les tendances émergentes, ce qui permet aux producteurs et aux distributeurs d'adapter les campagnes promotionnelles aux publics cibles. À un niveau plus avancé, la technologie de l'IA peut générer des bandes-annonces de films personnalisées en fonction des données démographiques et des goûts individuels. Il ne s'agit pas seulement de montrer la bonne publicité à la bonne personne, mais de montrer la bonne version de la publicité à la bonne personne.

Mais alors que nous sommes fascinés par ces développements extraordinaires, il est bon de réfléchir à certaines questions éthiques et philosophiques. Dans quelle mesure est-il éthique d'utiliser des algorithmes pour façonner le contenu en fonction des goûts du public ? Risquons-nous de créer un cercle vicieux de conformité, où l'unicité et la diversité créative sont sacrifiées sur l'autel de l'efficacité algorithmique ? Et que signifie pour l'avenir du travail créatif le fait qu'une grande partie des processus de production, de distribution et de commercialisation puisse être automatisée ?

Ces questions exigent une réflexion approfondie. Alors que l'intelligence artificielle continue d'envahir l'industrie du cinéma et du divertissement, il est essentiel de maintenir un dialogue ouvert sur la manière dont cette technologie devrait être déployée.

Il ne s'agit pas seulement de maximiser les profits ou l'efficacité, mais de comprendre comment l'intelligence artificielle peut servir d'outil pour enrichir notre expérience culturelle sans la vider de sa valeur humaine inhérente.

Dans le contexte actuel, l'intelligence artificielle n'est pas un simple accessoire technologique, mais un acteur silencieux qui redéfinit les règles du jeu. Comme dans toute histoire passionnante, son rôle peut être celui d'un héros ou d'un méchant, selon la manière dont nous choisissons de l'utiliser. Et c'est un scénario que nous avons tous, en tant que société, le devoir et la responsabilité d'écrire avec soin.

Le monde du cinéma et du divertissement est en train de subir une transformation radicale grâce à l'intelligence artificielle (IA). Autrefois reléguée aux tâches de montage vidéo et de correction des couleurs, l'IA se manifeste aujourd'hui de manière aussi subtile que révolutionnaire, pénétrant à la fois la création et la distribution de contenu.

Prenons l'exemple de l'écriture de scénarios. Les algorithmes d'IA peuvent analyser des centaines de milliers de films pour identifier les modèles de réussite. Des éléments tels que le rythme, la structure et même les dialogues peuvent être optimisés. Il ne s'agit pas de remplacer la touche humaine, mais de l'amplifier. L'un des exemples les plus connus est celui de Benjamin, une IA qui a écrit un court scénario intitulé "Sunspring", avec des résultats qui, bien que surréalistes, étaient intrigants et pleins de potentiel.

Passons maintenant à la phase de production, où l'IA s'occupe de créer des effets spéciaux. Par exemple, les algorithmes d'apprentissage profond sont capables de générer des environnements virtuels photoréalistes avec une précision et une rapidité qui dépassent celles de l'homme. Cela permet non seulement de réduire les coûts, mais aussi d'explorer de nouvelles frontières en matière de narration. Le film "Gemini Man" avec Will Smith a utilisé l'IA pour créer une version plus jeune de l'acteur, offrant une performance convaincante qui aurait été presque impossible avec le maquillage seul ou l'image de synthèse traditionnelle.

L'utilisation de l'IA en post-production n'est pas moins fascinante. Les algorithmes peuvent réduire les bruits de fond, optimiser le son et même effectuer le montage initial, libérant ainsi les professionnels de la création des tâches répétitives pour leur permettre de se concentrer sur des décisions plus artistiques et plus significatives.

L'IA a également un impact sur la manière dont le contenu est distribué et consommé. Les plateformes de streaming telles que Netflix et Spotify utilisent des algorithmes de recommandation sophistiqués pour personnaliser l'expérience de l'utilisateur. Ce n'est pas une coïncidence si, selon certaines estimations, 80 % des visionnages sur Netflix proviennent de recommandations générées par des algorithmes. Ces algorithmes utilisent une multitude de données, de la durée de visionnage aux genres préférés, pour prédire avec une précision effrayante ce que nous aimerions regarder ou écouter ensuite.

Une étude de cas intéressante est celle de Disney, qui a utilisé l'IA pour analyser les expressions faciales des spectateurs lors de projections tests. Les données recueillies ont permis d'affiner le montage, le rythme et même certaines scènes pour maximiser l'impact émotionnel.

Mais l'IA n'est pas sans poser des dilemmes éthiques, en particulier dans le domaine du divertissement. Par exemple, quel sera le sort des professionnels si les machines peuvent effectuer les mêmes tâches en moins de temps et gratuitement ? Et qu'en est-il des implications d'une personnalisation extrême du contenu, qui pourrait renforcer les chambres d'écho et les clivages culturels ?

Ces questions soulèvent de sérieuses interrogations quant au rôle de l'IA dans l'élaboration de notre avenir culturel et créatif. Néanmoins, l'évolution de l'IA dans le cinéma et le divertissement représente un chapitre passionnant de l'interaction permanente entre la technologie et l'art, une symbiose qui, si elle est gérée avec soin et de manière consciente, a le potentiel d'enrichir notre expérience collective du monde d'une manière encore inimaginable.

CHAPITRE 7 : L'IA DANS LA MODE

Le monde de la mode est un univers en constante évolution, alimenté par le flair des créateurs, la ferveur des stylistes et l'innovation technologique. Et lorsque nous parlons d'innovation technologique, nous ne pouvons pas ignorer le rôle de plus en plus omniprésent de l'intelligence artificielle (IA) dans ce domaine. Alors que le cœur de la mode battait autrefois uniquement dans les mains de tailleurs qualifiés et de créateurs visionnaires, l'IA est aujourd'hui entrée en scène en tant que co-acteur influençant à de multiples niveaux, de la conception à la vente au détail.

Dans l'écosystème de la mode, la conception assistée par l'IA représente l'une des applications les plus fascinantes et pourtant les moins bien comprises. Il est facile de considérer l'IA comme une sorte de substitut au talent humain, une machine qui génère des croquis ou des modèles tridimensionnels. Mais en réalité, le véritable pouvoir de l'IA réside dans son rôle d'extension des capacités humaines, d'amplificateur de la créativité.

Imaginez un designer confronté au dilemme de créer une collection pour la prochaine saison. Dans un monde sans IA, il devrait faire des études de marché, étudier les tendances, les matériaux, les couleurs et, surtout, se fier à son instinct. Grâce à l'IA, ces processus peuvent être automatisés et affinés. Les outils d'analyse prédictive peuvent analyser des milliards de données provenant des médias sociaux, des plateformes de vente en ligne et des magazines spécialisés, et fournir des informations précises sur les tendances émergentes. Mais ce n'est pas tout. L'IA peut également suggérer des combinaisons de matériaux et de tissus qui pourraient être plus durables ou plus rentables, sans compromettre l'esthétique ou la qualité du produit final.

L'un des aspects les plus intéressants est la personnalisation. L'IA peut aider les concepteurs à créer des vêtements qui ne sont pas seulement esthétiques, mais aussi adaptés aux besoins ou aux préférences spécifiques du client. Grâce à l'analyse des données et des modèles de comportement, l'IA peut suggérer des modèles de conception susceptibles d'avoir un impact particulier sur le groupe cible. Ce niveau de personnalisation était impensable il y a seulement quelques années et représente une révolution pour les fabricants comme pour les consommateurs.

La durabilité est un autre domaine dans lequel l'IA est utile. Grâce à des algorithmes avancés, il est possible d'optimiser l'utilisation des matériaux, de réduire les déchets et d'accroître l'efficacité de la production. En outre, l'IA peut contribuer à la traçabilité de la chaîne d'approvisionnement, en garantissant que les matériaux proviennent de sources durables.

Il est naturel de se poser des questions d'ordre éthique : qu'adviendra-t-il du rôle de l'homme dans tout cela ? Y a-t-il un risque de perte d'authenticité, de la touche humaine qui a fait de la mode un art ? C'est un débat qui mérite qu'on s'y attarde. Cependant, il est essentiel de comprendre que l'IA n'est pas là pour remplacer le génie humain, mais pour l'améliorer. Dans un monde où les exigences de personnalisation, de durabilité et d'innovation sont de plus en plus pressantes, l'intelligence artificielle se présente comme un outil qui peut aider l'industrie de la mode à relever ces défis de manière plus efficace et plus inspirée.

L'intersection de l'IA et de la mode est donc un territoire fertile, riche en possibilités et en questions ouvertes. Pour naviguer avec succès dans ce nouveau paysage, il est essentiel d'adopter une approche holistique qui intègre l'expertise technologique et les sensibilités créatives, avec une forte conscience des implications éthiques et sociales. Ainsi, l'IA dans la mode n'est pas seulement un exemple de la façon dont la technologie modifie les règles du jeu, mais aussi un modèle de la façon dont ces règles peuvent être réécrites de manière plus équitable, plus durable et, en fin de compte, plus humaine.

Imaginez un monde où les podiums de Milan, Paris ou New York sont un laboratoire de données, un théâtre où chaque robe, chaque tissu et chaque couleur ont été optimisés par l'intelligence artificielle. Il ne s'agit pas d'un avenir lointain, mais d'un paysage actuel qui évolue rapidement. L'entrée de l'intelligence artificielle dans l'industrie de la mode représente une percée aussi subtile que révolutionnaire, capable de redéfinir la dynamique d'un secteur entier.

Le premier aspect à prendre en compte est le design. Pendant des années, les stylistes ont joué avec les textures, les couleurs et les formes pour créer des vêtements qui incarnent une idée, un sentiment ou une vision du monde. Aujourd'hui, des algorithmes avancés peuvent analyser des images, des données historiques et même les réactions des médias sociaux pour suggérer des combinaisons d'éléments susceptibles d'attirer l'attention ou d'être innovantes. Les machines peuvent traiter une quantité de données inimaginable pour un être humain, offrant ainsi une sorte de collaboration créative entre l'artiste et la technologie.

Le design n'est pas le seul à bénéficier de cette évolution. Le cycle de vie d'un vêtement, de la conception à la vente en passant par la production, offre de nombreuses possibilités d'application de l'intelligence artificielle. Les systèmes automatisés de détection des défauts des tissus, par exemple, améliorent la qualité de la production, tandis que les algorithmes d'optimisation des stocks aident les détaillants à réduire le gaspillage en gardant en stock les bonnes tailles et les bonnes couleurs.

Et puis il y a le consommateur, de plus en plus exigeant et informé, qui recherche une expérience d'achat sur mesure. C'est là que les techniques d'apprentissage automatique entrent en jeu pour personnaliser l'expérience du client. Des recommandations de produits basées sur les achats précédents ou les comportements de navigation, à la virtualisation des cabines d'essayage où les clients peuvent "essayer" des vêtements dans un environnement numérique, les possibilités sont immenses et en constante évolution.

Mais qu'est-ce que tout cela signifie pour l'avenir de la mode ? Un scénario probable est une démocratisation croissante du design, où les créations ne sont plus le produit exclusif d'une élite de designers, mais le résultat d'une collaboration entre la créativité humaine et l'analyse algorithmique. Les tendances pourraient émerger et s'estomper à une vitesse sans précédent, alimentées par une boucle de rétroaction continue entre les consommateurs et les algorithmes.

Ce nouveau paradigme n'est pas sans poser de problèmes. Le risque existe que la dépendance à l'égard des données et des algorithmes "détourne" en quelque sorte l'art inhérent à la création de la mode, en en faisant une affaire purement numérique. En outre, la collecte et l'analyse de données à grande échelle soulèvent des questions éthiques liées à la protection de la vie privée et à la sécurité.

Toutefois, il serait imprudent d'ignorer l'essor de l'intelligence artificielle dans le monde de la mode. L'IA est là pour durer, et son impact se fera sentir tout au long de la chaîne de valeur - des croquis des créateurs aux magasins, en passant par les garde-robes de chacun. Ce qui est certain, c'est que nous n'en sommes qu'au début de cette aventure, et que les possibilités sont aussi infinies que la garde-robe que l'IA commence à imaginer pour nous. Comme pour toute innovation, la clé sera de trouver un équilibre : un point de rencontre entre l'art de la mode et la science des données. Ainsi, lorsque nous feuilletons les pages des magazines de mode ou que nous nous promenons dans les magasins, nous ne regardons pas seulement des vêtements ; nous assistons à une révolution silencieuse mais profondément significative.

Imaginez un monde dans lequel les vêtements que vous portez sont conçus, cousus et distribués par un système piloté par l'intelligence artificielle (IA). Cela ressemble-t-il à un concept de film de science-fiction ? C'est pourtant une réalité qui se concrétise de plus en plus, grâce au pouvoir de transformation de l'IA appliquée à la mode, à la fabrication et à la logistique.

L'intelligence artificielle n'est pas seulement un accessoire glamour dans le monde de la mode ; c'est une force motrice qui révolutionne l'industrie d'une manière que nous n'aurions pas pu imaginer il y a seulement dix ans. Prenons, par exemple, la phase de conception des vêtements. Les plateformes d'IA peuvent analyser d'énormes quantités de données sur les tendances de la mode, les désirs des consommateurs et même les conditions météorologiques. À partir de ces données, les algorithmes peuvent suggérer des modèles et des styles qui sont non seulement à la mode, mais aussi adaptables aux besoins spécifiques des différents groupes démographiques et des différentes saisons.

Mais la véritable magie commence lorsque nous passons de la conception à la production. Ici, l'IA a le pouvoir de rendre les processus plus efficaces et plus durables. Les algorithmes peuvent calculer la quantité exacte de matière nécessaire pour chaque vêtement, réduisant ainsi le gaspillage. Les robots pilotés par l'IA peuvent réaliser des coupes et des coutures précises, ce qui améliore la qualité et réduit le temps de production. Cela permet non seulement de gagner du temps et d'économiser des ressources, mais aussi d'ouvrir la voie à une mode plus éthique et durable.

Le défi ne s'arrête pas là. Une fois les vêtements produits, ils doivent parvenir aux magasins et, en fin de compte, aux consommateurs. C'est là qu'intervient la logistique, un autre domaine où l'IA progresse à grands pas. Les systèmes intelligents peuvent prédire avec précision la demande dans les différents magasins, ce qui permet d'optimiser l'affectation des ressources. L'IA peut également gérer les stocks en temps réel, identifier les inefficacités de la chaîne d'approvisionnement et proposer des solutions.

Pensez aux avantages que cela représente non seulement pour les producteurs, mais aussi pour les consommateurs. La capacité à prédire la demande signifie que vous risquez moins d'être confronté à des rayons vides lorsque vous cherchez la pièce particulière que vous aviez en tête. Dans le même temps, une plus grande efficacité dans la production et la distribution se traduit par une réduction des coûts, avantages qui peuvent être répercutés sur le consommateur sous la forme de prix plus abordables.

Ce monde interconnecté et optimisé par l'IA dans les domaines de la mode, de la fabrication et de la logistique est un univers en évolution rapide qui nécessite une compréhension profonde et continue. C'est une invitation à regarder au-delà de l'horizon de la mode et à voir les possibilités infinies qui émergent lorsque l'esthétique, la technologie et l'intelligence sont combinées. Il ne s'agit pas seulement de vêtements plus beaux ou d'entrepôts mieux organisés. Il s'agit de la manière dont l'IA modifie notre façon de penser, d'agir et d'interagir dans l'un des secteurs les plus dynamiques et les plus influents au monde.

À chaque étape, des fibres du tissu aux codes-barres sur les emballages, l'IA est là, silencieuse mais puissante, prête à nous guider vers un avenir plus intelligent, plus durable et plus personnalisé. Alors que l'industrie de la mode continue d'évoluer, une chose est sûre : l'intelligence artificielle n'est pas une simple tendance passagère, mais une transformation profonde qui façonnera l'industrie pour les années à venir.

Dans le paysage actuel de l'innovation et du progrès technologique, l'intelligence artificielle (IA) pénètre lentement une variété d'industries, modifiant profondément leur mode de fonctionnement. L'un des domaines les plus fascinants, mais peut-être le moins évident, dans lequel l'IA a un impact est l'industrie de la mode. Et dans ce domaine, la durabilité est un élément qui gagne de plus en plus en importance. Si l'on combine ces deux concepts apparemment divergents, une nouvelle frontière de possibilités et de défis s'ouvre.

Imaginez un instant le parcours d'un vêtement, de sa conception à sa production. Au départ, les stylistes et les créatifs s'affrontent pour donner vie à un modèle qui capte l'attention et reflète les tendances actuelles ou futures. Ici, les algorithmes d'IA peuvent analyser de grands volumes de données pour prédire quelles seront les prochaines tendances, ce qui permet aux maisons de couture de produire des vêtements non seulement esthétiques, mais aussi en phase avec la demande du marché. Ce processus plus ciblé peut réduire le nombre de vêtements produits en vain, contribuant ainsi à réduire la production de déchets.

Mais la durabilité ne se limite pas à la réduction des déchets. Avec l'aide de l'IA, l'utilisation des ressources dans le processus de production peut être optimisée. Par exemple, des algorithmes sophistiqués peuvent calculer la manière la plus efficace de couper le tissu afin de minimiser les déchets. La chaîne d'approvisionnement peut également être rendue plus durable grâce à l'IA. Des capteurs et des algorithmes de surveillance peuvent suivre l'impact environnemental de chaque étape de la production, de la culture des fibres à la distribution finale, ce qui permet aux entreprises de prendre des décisions éclairées pour réduire leur empreinte carbone.

Mais allons au-delà de la production et considérons l'expérience du consommateur. Grâce aux progrès des technologies de l'IA telles que la réalité virtuelle et augmentée, les clients peuvent essayer virtuellement les vêtements avant de les acheter. Cela permet non seulement d'améliorer l'expérience client, mais aussi de réduire le nombre de retours et, par conséquent, la quantité d'articles qui finissent dans les décharges.

L'un des aspects les moins explorés, mais très prometteurs, est l'utilisation de l'IA dans la post-consommation. Imaginez une application qui utilise l'apprentissage automatique pour suggérer aux propriétaires de vêtements diverses façons de réutiliser ou de recycler leurs vieux vêtements, ou de les associer de manière innovante pour créer de nouvelles tenues. Cela permettrait non seulement de réduire le volume de vêtements jetés, mais aussi de faire prendre conscience de la valeur durable de chaque vêtement.

L'intersection de l'intelligence artificielle et de la durabilité dans la mode est une voie encore partiellement inexplorée, pleine de potentiel et d'implications non seulement économiques, mais aussi éthiques et environnementales. Elle offre la possibilité de restructurer une industrie notoirement gaspilleuse en une industrie plus efficace et plus respectueuse de la planète. L'IA n'est pas une panacée, mais un acteur influent qui, s'il est utilisé de manière consciencieuse et responsable, peut jouer un rôle important dans la construction d'un avenir plus durable pour la mode. En tant que consommateurs, il nous incombe non seulement d'adopter ces innovations, mais aussi d'exiger activement une mode qui soit belle, durable et intelligente.

L'intelligence artificielle a pénétré d'innombrables domaines de la vie quotidienne et professionnelle, devenant un acteur clé dans la redéfinition de la façon dont nous vivons, travaillons et interagissons avec le monde qui nous entoure. L'un des domaines où cette révolution est moins évidente, mais non moins importante, est celui de la mode. D'un point de vue superficiel, l'association de la technologie et de la mode peut sembler forcée, mais l'intersection de ces deux mondes est en fait chargée de profondes implications sociales et culturelles.

Pensez, par exemple, aux chaînes d'approvisionnement mondiales. L'intelligence artificielle peut optimiser la production, la distribution et la vente de vêtements de manière si efficace qu'elle réduit les coûts et rend la mode "rapide" accessible à des segments de plus en plus larges de la population. Mais elle soulève également des questions éthiques concernant la durabilité environnementale et les conditions de travail dans les pays en développement. Il s'agit d'un pouvoir ambivalent : d'une part, il démocratise l'accès à des biens auparavant considérés comme luxueux et, d'autre part, il renforce un système de production souvent non durable et inégal.

En passant du macro au micro, l'IA joue également un rôle essentiel dans l'évolution de l'expérience du consommateur. Les algorithmes peuvent désormais prédire les tendances de la mode avec une précision impressionnante, en personnalisant les recommandations d'achat pour refléter non seulement les préférences individuelles, mais aussi les mouvements culturels émergents. Si cette personnalisation extrême est considérée comme un atout pour l'expérience client, elle risque également de créer des chambres d'écho culturelles dans lesquelles les individus ne sont exposés qu'à ce qu'un algorithme considère comme leurs goûts ou leurs affinités idéologiques.

L'utilisation de l'IA dans la conception de vêtements et d'accessoires est plus intrigante. Les créateurs commencent à collaborer avec des algorithmes pour créer des pièces qui vont au-delà de la simple esthétique, en incorporant des caractéristiques qui réagissent à des stimuli externes tels que les changements de température ou d'humidité. Ainsi, la mode n'est plus seulement une déclaration de style ou un signe d'appartenance sociale, mais une extension quasi biologique de nous-mêmes, qui s'adapte et réagit à notre environnement en temps réel.

Et puis, il y a l'impact sur l'identité culturelle. Dans un monde de plus en plus globalisé, la mode est l'un des derniers bastions de l'expression culturelle locale. Mais que se passe-t-il lorsque des algorithmes, formés à partir de données qui reflètent souvent une vision occidentale ou eurocentrique du monde, entrent en jeu ? Il existe un risque d'"homologation algorithmique", dans laquelle les spécificités culturelles sont aplaties en faveur de tendances plus universellement acceptées.

Ce ne sont là que quelques-uns des aspects par lesquels l'intelligence artificielle redéfinit le domaine de la mode, avec des effets qui vont bien au-delà des textiles et pénètrent profondément dans le tissu social et culturel de notre monde. Il s'agit d'une frontière fascinante, mais également chargée de questions éthiques et philosophiques que nous commençons à peine à formuler. Ce qui est certain, c'est que la fusion de l'intelligence artificielle et de la mode est désormais irréversible et que ses implications, aussi ambivalentes soient-elles, constitueront un sujet de discussion essentiel pour les années à venir.

CHAPITRE 8 : L'IA DANS LA CONCEPTION DE L'EXPÉRIENCE UTILISATEUR.

À l'ère de la numérisation, l'intelligence artificielle (IA) devient une force motrice dans de nombreux domaines, de la médecine à la finance. Mais l'un des domaines où l'IA a un impact considérable est la conception de l'expérience utilisateur (UX). Oui, la technologie sophistiquée qui était autrefois considérée uniquement comme le domaine des ingénieurs et des scientifiques des données transforme désormais la façon dont nous interagissons avec les plateformes numériques, rendant chaque expérience plus fluide, plus intuitive et plus personnalisée.

La première question qui se pose est la suivante : comment l'IA peut-elle réellement améliorer la conception UX ? Il semble que l'IA et l'UX appartiennent à deux mondes complètement différents : la première est ancrée dans des algorithmes et des calculs complexes, tandis que la seconde se concentre sur la psychologie humaine et l'interaction. La réponse réside dans l'intégration. L'IA peut analyser d'énormes quantités de données plus rapidement et plus efficacement que n'importe quel humain, en identifiant des modèles et des tendances qui peuvent ne pas être immédiatement apparents. Ces données peuvent ensuite être utilisées pour éclairer les décisions de conception, rendant l'interface plus efficace et plus agréable à utiliser.

Prenons l'exemple de la personnalisation, un concept qui nous est désormais familier grâce aux progrès constants des technologies. L'IA peut suivre le comportement des utilisateurs, depuis les pages qu'ils visitent jusqu'aux produits qu'ils consultent, afin de générer des recommandations très spécifiques. Cela permet non seulement d'augmenter les chances d'engagement de l'utilisateur, mais aussi de créer une expérience unique pour chaque individu. Imaginez que vous entriez dans une boutique en ligne qui ne vous présente que les produits susceptibles de vous intéresser, sans que vous ayez à faire défiler des centaines d'options non pertinentes. Il s'agit là d'une conception UX basée sur les données et alimentée par l'IA.

Mais la personnalisation n'est pas le seul aspect où l'IA et l'UX convergent. Prenons l'exemple des chatbots, qui sont désormais un élément courant des sites web et des applications. Ils ne sont pas seulement un moyen d'automatiser le service à la clientèle ; ils sont aussi un outil d'amélioration de l'UX. Un chatbot bien conçu peut guider les utilisateurs sur un site web, fournir des réponses immédiates à leurs questions et même anticiper leurs besoins, ce qui contribue à une expérience utilisateur plus fluide et plus agréable.

Il y a un aspect éthique à prendre en compte lorsqu'il s'agit de l'IA dans la conception de l'expérience utilisateur. La personnalisation, si elle est poussée à l'extrême, pourrait théoriquement conduire à la création de "bulles de filtre", dans lesquelles les utilisateurs ne seraient exposés qu'au contenu et aux informations qui renforcent leurs croyances préexistantes. Il s'agit d'un défi que les concepteurs UX et les développeurs d'IA doivent relever avec prudence et responsabilité.

Alors que l'IA fait son chemin dans le domaine de la conception de l'expérience utilisateur, il est essentiel de se rappeler que sa fonction n'est pas de remplacer le contact humain, mais de l'amplifier. L'objectif ultime reste le même : créer des expériences qui non seulement satisfont, mais enchantent les utilisateurs. Avec un bon équilibre entre l'analyse des données et l'intuition humaine, l'IA offre une large gamme d'outils qui peuvent faire de cet objectif une réalité.

L'interaction homme-machine est depuis longtemps un sujet de fascination et d'étude. Au début de l'ère informatique, la conception de l'expérience utilisateur (UX) était principalement axée sur l'efficacité et la fonctionnalité. Avec l'avènement de l'intelligence artificielle (IA), cependant, le paysage a radicalement changé, ouvrant un monde de possibilités innovantes et remettant en cause les normes établies.

Prenons l'exemple de la personnalisation. Il ne s'agit plus seulement d'un visage amical ou d'un premier message d'accueil sur votre écran. L'IA peut désormais analyser en temps réel les données générées par l'utilisateur pour lui offrir une expérience absolument sur mesure. Imaginez une application d'achat en ligne qui non seulement reconnaît vos préférences en matière de style, mais qui anticipe également vos besoins futurs en fonction des conditions météorologiques, des événements à venir dans votre région ou même des fluctuations de l'économie. Il s'agit d'un système si avancé qu'il peut presque lire dans l'esprit de l'utilisateur.

Outre la personnalisation, l'IA a eu un impact significatif sur la convivialité et l'accessibilité. Les technologies de reconnaissance vocale, telles que les assistants virtuels, ont rendu l'interaction avec la technologie plus fluide et plus intuitive, en particulier pour les utilisateurs qui peuvent avoir des difficultés avec les entrées traditionnelles telles que les claviers et les écrans tactiles. Ces assistants peuvent apprendre à partir du contexte, des schémas d'élocution de l'utilisateur et même des tonalités vocales pour fournir une réponse plus humaine et plus précise.

Mais ne nous arrêtons pas là. Considérons les implications

éthiques de cette symbiose de plus en plus étroite entre l'homme et la machine. Les algorithmes qui pilotent ces expériences personnalisées pourraient, sans contrôle approprié, renforcer les préjugés existants ou porter atteinte à la vie privée de l'utilisateur. Il s'agit d'une considération cruciale pour les concepteurs UX qui utilisent l'IA : comment équilibrer l'innovation et la responsabilité éthique ? Les lignes directrices en matière de confidentialité et d'éthique de l'IA doivent être intégrées dès les premières étapes de la conception du produit, et ne peuvent pas faire l'objet d'une réflexion rétrospective.

La capacité unique de l'IA à traiter et à analyser de grandes quantités de données offre également des possibilités de tester et d'améliorer la conception de l'expérience utilisateur plus efficacement et plus rapidement que par le passé. Les systèmes d'apprentissage automatique peuvent effectuer des tests A/B à grande échelle, analyser les résultats et mettre en œuvre des changements en temps quasi réel, offrant une rapidité et une efficacité impensables il y a seulement quelques années.

Tout cela n'est que la partie émergée de l'iceberg. À mesure que l'IA continue d'évoluer, la conception de l'expérience utilisateur devra devenir de plus en plus sophistiquée, intuitive et personnalisée. C'est un défi pour les concepteurs, certes, mais c'est aussi une opportunité extraordinaire. Nous sommes au début d'une nouvelle ère dans laquelle la technologie n'est pas seulement un outil que nous utilisons, mais un partenaire actif qui façonne nos expériences quotidiennes. Et comme toute bonne relation, elle nécessitera de l'empathie, de la compréhension et, surtout, la capacité d'écouter et de s'adapter. Les experts et les professionnels du design UX ayant une connaissance approfondie de l'intelligence artificielle seront ceux qui mèneront cette nouvelle vague d'innovation responsable et engageante.

Plonger dans le monde de la conception de l'expérience utilisateur (UX Design), c'est comme entrer dans un labyrinthe de besoins, de désirs et d'attentes humaines. À chaque tournant, il y a des détails cruciaux à prendre en compte, de la facilité de navigation à l'interaction intuitive et à la gratification esthétique. Mais que se passe-t-il lorsque ce réseau complexe de facteurs fusionne avec l'intelligence artificielle ? Un horizon presque infini de possibilités s'ouvre, et avec lui de nouveaux défis éthiques et pratiques.

Avant de plonger dans la symbiose de l'IA et de l'UX Design, il est essentiel de comprendre l'essence de ces deux domaines. L'intelligence artificielle n'est pas seulement un ensemble d'algorithmes ; c'est une tentative de reproduire l'intuition humaine par le biais de l'informatique. D'autre part, la conception de l'expérience utilisateur ne se limite pas à l'aspect esthétique ou fonctionnel d'un produit, mais consiste plutôt à incarner une idée dans une interface qui répond aux besoins de l'utilisateur.

Imaginez maintenant que l'on condense l'immense puissance de l'IA dans l'équilibre délicat de la conception de l'expérience utilisateur. Oui, nous parlons de chatbots de plus en plus intelligents, capables d'interpréter le ton émotionnel des utilisateurs, d'algorithmes de recommandation qui apprennent dynamiquement les préférences des utilisateurs pour faire des suggestions de plus en plus précises, et d'interfaces prédictives qui anticipent les besoins des utilisateurs avant même qu'ils ne les expriment.

Mais la véritable fascination réside dans les interactions subtiles que l'IA peut façonner, en influençant non seulement le comportement de l'utilisateur, mais aussi sa perception. Prenons l'exemple d'une application de fitness qui utilise l'IA pour analyser les données biométriques de l'utilisateur. En plus de fournir des suggestions d'exercices, l'application pourrait adapter l'ensemble de la présentation et des interactions en fonction du niveau de stress ou d'énergie de l'utilisateur, créant ainsi une expérience unique et personnalisée.

Mais un grand pouvoir, comme on dit, implique aussi une grande responsabilité. La mise en œuvre de l'IA dans la conception de l'expérience utilisateur soulève des questions éthiques et pratiques allant de la protection de la vie privée à l'inclusion. L'IA est capable de collecter et d'interpréter des données sensibles, il est donc impératif de répondre aux préoccupations en matière de protection des données. En outre, l'utilisation exclusive d'algorithmes pourrait engendrer des préjugés et des discriminations, ce qui remettrait en cause l'objectif fondamental d'une conception inclusive.

Le chemin à parcourir est encore long et plein d'incertitudes, mais une chose est sûre : la combinaison de l'IA et du design d'expérience utilisateur a le pouvoir de redéfinir la façon dont nous interagissons avec la technologie et, en fin de compte, avec le monde qui nous entoure. Il ne s'agit pas seulement de rendre les choses plus faciles, plus rapides ou plus belles, mais de créer des expériences qui soient vraiment significatives et qui reflètent la complexité et la diversité de l'expérience humaine.

Alors que les concepteurs et les ingénieurs font face à ces défis, il est essentiel que les utilisateurs soient également conscients de ce voyage et y participent, parce qu'en fin de compte, chaque interface, chaque pixel, chaque ligne de code est un petit pas vers un avenir où la technologie n'est pas seulement un outil, mais une partie intégrante de notre humanité.

L'intelligence artificielle et la conception de l'expérience utilisateur sont deux mondes qui peuvent sembler aux antipodes l'un de l'autre, et pourtant, l'intersection entre les deux est un creuset de possibilités infinies. En particulier lorsqu'on parle d'accessibilité, la contribution de l'intelligence artificielle va au-delà de la simple automatisation et touche des sphères plus profondes telles que l'empathie, l'équité et l'inclusion.

L'expérience utilisateur (UX) ne se limite plus à l'esthétique ou à la navigabilité d'un site web. Dans un monde de plus en plus interconnecté, l'expérience utilisateur devient la clé pour rendre les technologies accessibles à tous, indépendamment des capacités ou des handicaps de chacun. Lorsque nous parlons d'accessibilité dans la conception, nous parlons d'une conception qui transcende les limitations physiques et cognitives, donnant à tous les utilisateurs un accès égal et indépendant à l'information et à la fonctionnalité.

Et c'est précisément là que l'intelligence artificielle entre en jeu. Prenons l'exemple des systèmes de reconnaissance vocale, tels que les assistants virtuels. Ces technologies, basées sur des algorithmes d'apprentissage automatique, sont devenues des outils indispensables pour les personnes souffrant de troubles du développement. Il s'agit de personnes qui peuvent avoir des difficultés à utiliser un clavier ou une souris, mais qui peuvent tout de même naviguer sur le web ou contrôler des appareils intelligents à l'aide de simples commandes vocales.

Mais l'application de l'IA à la conception de l'expérience utilisateur va bien au-delà de la reconnaissance vocale. Prenons l'exemple des chatbots, souvent alimentés par des algorithmes de traitement du langage naturel (NLP). Non seulement ils offrent une assistance immédiate, mais ils peuvent être programmés pour reconnaître les signes de frustration ou de confusion dans la langue de l'utilisateur, et adapter leurs réponses en conséquence. Cette sensibilité linguistique peut faire la différence entre une expérience utilisateur moyenne et une expérience réellement engageante et personnalisée.

N'oublions pas les progrès réalisés dans le domaine de la vision par ordinateur, qui ouvrent de nouvelles portes à l'accessibilité. Les applications qui utilisent la vision artificielle pour interpréter et décrire les images et les vidéos deviennent des outils d'autonomisation pour les utilisateurs souffrant de déficiences visuelles. Et si vous pensez qu'il ne s'agit que d'applications futuristes, vous vous trompez. Aujourd'hui, grâce à l'IA, il est possible pour une personne aveugle de "lire" un livre ou de "voir" un tableau dans un musée grâce à des descriptions audio générées automatiquement.

Il est cependant crucial d'aborder une réflexion critique sur le rôle éthique de l'IA dans l'accessibilité. Les algorithmes apprennent à partir de données, et si ces données reflètent des préjugés ou des inégalités présents dans la société, l'IA risque de perpétuer ces injustices plutôt que de les atténuer. Par conséquent, alors que nous explorons l'énorme potentiel de l'IA en matière d'expérience utilisateur et d'accessibilité, nous devons également conserver une vision holistique qui tienne compte de l'impact social et culturel de ces technologies.

Le mariage de l'intelligence artificielle et de la conception de l'expérience utilisateur a le potentiel de changer la façon dont nous interagissons avec le monde numérique. Mais comme dans tout bon mariage, il faut de la compréhension, de l'adaptabilité et un dialogue constant pour s'assurer que les deux parties contribuent à construire un avenir plus inclusif et plus accessible pour tous.

Dans l'univers de la conception, l'intelligence artificielle est devenue une force silencieuse mais puissante qui redéfinit les limites de l'expérience utilisateur. À première vue, la conception et l'intelligence artificielle peuvent sembler des disciplines éloignées, presque inconciliables. Le design est considéré comme un art, imprégné d'empathie et de compréhension profonde du comportement humain, tandis que l'intelligence artificielle est souvent associée à des algorithmes rigides et à l'analyse de données. Pourtant, lorsque ces deux sphères convergent, il se produit une sorte d'alchimie qui peut transformer radicalement notre interaction avec les plateformes numériques.

Prenons l'exemple d'une application de fitness. Traditionnellement, l'expérience de l'utilisateur dans ce contexte repose sur un ensemble d'éléments prédéfinis : suivi de l'activité, plans d'entraînement, retour d'information en temps réel, etc. Mais imaginez une application qui va plus loin, en utilisant l'IA pour personnaliser chaque aspect de l'expérience. Ici, l'IA analyse les données historiques, observe les habitudes de l'utilisateur et anticipe ses besoins, en lui proposant des suggestions proactives et des plans d'entraînement sur mesure. Il ne s'agit plus d'un produit standard, mais d'un coach numérique personnel qui comprend, apprend et s'adapte à l'utilisateur.

Dans une étude de cas éclairante, le cabinet de design IDEO s'est associé à un hôpital pour utiliser l'IA afin d'améliorer l'expérience des patients. Plutôt que de simplement numériser les processus existants, ils ont utilisé des algorithmes d'apprentissage automatique pour analyser de vastes ensembles de données sur les interactions entre les patients et le personnel soignant. Ces informations ont ensuite été utilisées pour former un chatbot à répondre efficacement aux questions fréquemment posées par les patients, libérant ainsi le temps précieux du personnel tout en fournissant des informations précises et opportunes aux patients. Le résultat ? Une augmentation significative de la satisfaction des patients et une utilisation plus efficace des ressources de l'hôpital.

L'industrie de la mode est un autre domaine où l'IA révolutionne la conception de l'expérience utilisateur. Les systèmes d'IA utilisant des techniques de vision par ordinateur transforment la manière dont les utilisateurs recherchent et achètent des vêtements en ligne. Au lieu de faire défiler des listes interminables de produits, les utilisateurs peuvent désormais télécharger une photo de la tenue souhaitée et l'IA trouvera des articles similaires dans différents magasins, facilitant ainsi une expérience d'achat plus attrayante et personnalisée.

Ces exemples illustrent la manière dont l'IA peut être utilisée pour créer des expériences utilisateur plus intuitives, plus efficaces et plus gratifiantes. Mais la véritable magie opère lorsque les concepteurs prennent conscience des capacités et des limites de l'IA, en l'utilisant non pas comme un substitut à l'ingéniosité humaine, mais comme un puissant amplificateur de celle-ci.

La clé réside donc dans une collaboration synergique entre la conception et l'intelligence artificielle. Dans ce mariage entre discipline et technologie, le design apporte la vision et l'empathie, tandis que l'IA fournit les outils pour réaliser ces visions de manière évolutive et efficace. Le résultat est une expérience utilisateur à la fois humaine et remarquablement avancée, qui place l'individu au centre d'un écosystème numérique en constante évolution. Tel est l'avenir de la conception de l'expérience utilisateur, un avenir dans lequel l'IA n'est pas simplement un exécutant, mais un partenaire collaborant à la création de mondes meilleurs et plus accueillants.

CHAPITRE 9 : LES DÉFIS ÉTHIQUES DE L'IA CRÉATIVE.

Dans le monde fascinant et complexe de l'intelligence artificielle, la dimension créative prend de plus en plus d'importance. Pensez aux œuvres d'art générées par des algorithmes, à la musique composée par des logiciels et aux paroles écrites par des machines de plus en plus sophistiquées. Ces innovations représentent une nouvelle frontière, non seulement technologique, mais aussi éthique et juridique. L'IA créative remet en question notre concept traditionnel de paternité, ouvrant des débats sur les droits d'auteur et l'attribution qui étaient impensables auparavant.

L'une des questions les plus pressantes est celle de la propriété intellectuelle. Qui détient les droits d'une œuvre générée par un algorithme ? Est-ce l'ingénieur qui a programmé l'IA, l'utilisateur qui a activé l'algorithme, ou même l'IA elle-même, bien qu'il s'agisse d'une perspective controversée et largement débattue ? Dans de nombreux pays, le droit d'auteur a été conçu à une époque où l'IA n'avait pas encore montré son potentiel créatif ; l'adaptation des principes juridiques existants à ce nouveau contexte est donc un défi qui a de profondes implications.

Les considérations éthiques sont étroitement liées à ces questions juridiques. L'attribution, par exemple, devient une pente glissante. Si un algorithme "apprend" à écrire de la poésie en analysant les œuvres d'un poète célèbre, est-il éthique d'attribuer la création uniquement à l'algorithme ? Ou faut-il reconnaître d'une manière ou d'une autre la contribution du poète original, dont l'œuvre a "nourri" l'IA ? Ces questions deviennent encore plus complexes lorsque nous pensons à des formes d'IA qui peuvent traiter des données provenant de sources multiples, ce qui rend l'attribution non seulement difficile, mais parfois presque impossible à déterminer.

Le concept de "responsabilité" acquiert également de nouvelles nuances. Lorsqu'un algorithme créatif produit quelque chose de controversé, voire d'offensant, qui doit être tenu pour responsable ? Les programmeurs de l'algorithme peuvent ne pas avoir prévu un tel résultat, et l'utilisateur final peut ignorer totalement les détails techniques qui ont conduit à la création de l'œuvre en question. La responsabilité est ainsi diluée dans une chaîne d'interactions si complexe qu'il est difficile de la déterminer.

Un autre aspect important est la démocratisation de l'art et de la créativité. D'une part, l'IA offre de nouvelles opportunités à tous ceux qui ont accès à ces technologies. D'autre part, elle présente le risque d'un appauvrissement de la créativité humaine si l'on commence à accorder trop d'importance à la production algorithmique. La créativité est une caractéristique de l'expérience humaine, et il est essentiel de peser soigneusement la façon dont les machines entrent dans cet espace.

Si les défis sont énormes, les possibilités sont tout aussi exaltantes. L'IA créative pourrait élargir nos horizons artistiques et intellectuels, en nous permettant d'explorer de nouveaux modes d'expression et de mieux comprendre la nature humaine et la créativité elle-même. Mais pour naviguer avec succès dans ces eaux inconnues, il est essentiel que le droit et l'éthique évoluent de pair avec la technologie. Ce n'est qu'à cette condition que nous pourrons garantir que l'avènement de l'IA créative enrichira notre patrimoine culturel et artistique au lieu de l'appauvrir.

L'IA créative est une sous-discipline émergente qui soulève des questions fondamentales sur la nature de l'ingéniosité, de l'art et, en fin de compte, des êtres humains eux-mêmes. Des algorithmes qui composent des symphonies aux systèmes qui génèrent des œuvres d'art visuelles, l'IA créative modifie profondément le paysage de l'innovation. Mais comme pour toute technologie révolutionnaire, des défis éthiques sont inévitables et doivent être sérieusement pris en compte.

La partialité est l'un des problèmes les plus urgents auxquels l'IA est confrontée. À un niveau fondamental, le biais dans un algorithme est souvent le résultat de données d'entraînement déséquilibrées. Si un algorithme est entraîné sur un ensemble de données contenant des biais, le système apprendra ces biais et les perpétuera. Par exemple, si un algorithme d'écriture créative est entraîné uniquement sur la littérature occidentale, il en résultera une IA ayant une vision étroite de la culture mondiale. L'élimination des préjugés est non seulement un impératif éthique, mais aussi une condition préalable à une véritable innovation dans le domaine de l'IA créative.

Parallèlement aux préjugés, la discrimination est une autre question qui mérite d'être examinée. Alors que les préjugés peuvent être involontaires, la discrimination se produit lorsque ces préjugés influencent des décisions qui ont un impact négatif sur des individus ou des groupes spécifiques. Pensez à un algorithme d'IA utilisé dans les ressources humaines pour analyser les demandes d'emploi : si l'algorithme a été entraîné sur un ensemble de données qui favorise un certain sexe ou une certaine ethnie, cela peut conduire à des décisions d'embauche discriminatoires. Les implications éthiques sont énormes et peuvent avoir des répercussions à long terme non seulement pour les personnes victimes de discrimination, mais aussi pour la société dans son ensemble, qui perd l'apport d'esprits brillants simplement à cause des biais algorithmiques.

Dans le contexte de la créativité, l'IA présente également des défis liés à l'autorité et à la propriété intellectuelle. Qui détient les droits sur une œuvre d'art générée par un algorithme ? Est-ce l'ingénieur qui a conçu l'algorithme, le fournisseur de données, ou peut-être l'utilisateur qui a fourni la commande initiale ? Ces questions remettent en cause les réglementations existantes en matière de propriété intellectuelle et appellent de nouveaux modèles juridiques et éthiques.

À ces considérations s'ajoute la question de la transparence. Bon nombre des techniques d'IA les plus avancées, telles que les réseaux neuronaux profonds, sont notoirement difficiles à interpréter, de sorte qu'il est pratiquement impossible de comprendre comment l'algorithme est parvenu à une décision ou à une création particulière. Dans un monde où la compréhension humaine est essentielle à la responsabilité, le manque de transparence constitue un obstacle éthique important.

Ces dilemmes ne sont pas insolubles, mais nécessitent une approche multidisciplinaire impliquant des éthiciens, des ingénieurs, des artistes et des juristes. Le débat public est tout aussi crucial. En tant que société, nous devons décider des valeurs que nous voulons voir refléter par notre technologie, car l'IA créative, comme toute autre forme de créativité, est en fin de compte le miroir de nos aspirations, préjugés et valeurs collectifs.

Lorsque nous parlons d'intelligence artificielle créative (IA), il est facile de penser aux applications passionnantes qui révolutionnent des domaines tels que l'art, le design et la musique. Mais alors que nous célébrons cette incroyable évolution technologique, il est essentiel de ne pas oublier les questions éthiques qui se profilent et l'impact inévitable sur l'emploi.

L'IA créative remet en question les limites traditionnelles de la propriété intellectuelle. Un algorithme peut générer un morceau de musique ou une œuvre d'art, mais à qui appartient réellement cette œuvre ? Dans un monde où les contributions créatives peuvent être à la fois humaines et mécaniques, la frontière entre l'originalité et l'imitation devient de plus en plus floue. Dans le même temps, nous sommes également confrontés à des questions concernant la paternité morale de ces créations. Si un algorithme crée une œuvre d'art qui est culturellement insensible ou controversée, qui est responsable ? Le fait de disposer d'un système d'IA capable de créer à des niveaux humains soulève des questions éthiques non seulement sur la responsabilité, mais aussi sur l'importance de préserver l'intégrité et le caractère unique de l'ingéniosité humaine.

Ces questions sont étroitement liées au problème de l'emploi. Au fur et à mesure que l'IA créative s'améliore, il y aura de plus en plus de chevauchements avec des emplois auparavant considérés comme relevant exclusivement du domaine humain. Les graphistes, les rédacteurs et même les compositeurs commencent déjà à ressentir le poids de la concurrence algorithmique. Le danger est double : diminution des possibilités d'emploi pour les professionnels de la création et érosion possible de la qualité dans le domaine de la production créative. Les algorithmes, bien qu'avancés, ne peuvent pas (du moins pour l'instant) émuler le contexte émotionnel et culturel profond qu'un être humain apporte à un projet créatif. En tentant d'automatiser le processus créatif, nous risquons de perdre des éléments de la sensibilité et de la complexité humaines.

Nous ne pouvons pas non plus ignorer les implications de la classe sociale et de l'accessibilité. Les technologies d'IA créatives sont généralement propriétaires et coûteuses. Cela pourrait conduire à une sorte d'élitisme créatif, dans lequel seuls ceux qui peuvent s'offrir ces ressources avancées auront une chance d'être compétitifs sur le marché. Cela pourrait exacerber les inégalités existantes dans le monde du travail et au-delà.

Mais tout n'est pas si sombre. Nous devrions également envisager le potentiel d'une collaboration plus étroite entre les humains et les machines. Avec une bonne gouvernance, les algorithmes créatifs pourraient agir comme des outils qui étendent nos capacités, plutôt que comme des substituts. Dans ce cas, l'éthique exigerait que ces technologies soient conçues et mises en œuvre de manière à renforcer l'ingéniosité humaine plutôt qu'à la remplacer, tout en garantissant un accès équitable et démocratisé.

Alors que nous continuons à naviguer sur la mer encore inexplorée de l'IA créative, il est impératif que l'éthique et l'humanisme soient nos barreurs. Les décisions que nous prenons aujourd'hui ne façonneront pas seulement l'avenir du secteur créatif, mais affecteront profondément la texture morale de notre société. Alors que nous saisissons les opportunités incroyables offertes par ces technologies avancées, nous devons agir avec la plus grande conscience des responsabilités éthiques qu'elles impliquent.

Alors que l'intelligence artificielle continue de progresser, devenant de plus en plus sophistiquée et capable d'émuler le comportement humain, de nouveaux défis éthiques et juridiques émergent et ne peuvent plus être ignorés. L'un des domaines les plus fascinants est celui de l'IA créative : des logiciels capables de composer de la musique, d'écrire de la poésie et même de peindre des tableaux. Mais que se passe-t-il lorsqu'une machine crée quelque chose qui est traditionnellement attribué à l'ingéniosité humaine ? Qui détient les droits sur ces créations et comment gérer les implications éthiques qui découlent de ces questions ?

Lorsque l'on parle d'IA créative, le droit d'auteur est souvent la première question juridique qui vient à l'esprit. Normalement, la création d'une œuvre d'art ou d'un morceau de musique est protégée par le droit d'auteur, qui accorde au créateur des droits exclusifs sur la distribution et la monétisation. Toutefois, dans le contexte de l'IA, la détermination de la propriété intellectuelle devient un terrain glissant. Si un logiciel compose une symphonie ou écrit un roman, qui est le véritable auteur ? Est-ce l'ingénieur qui a programmé l'algorithme, l'utilisateur qui a fourni les données d'entrée, ou la machine elle-même ?

La question devient encore plus complexe si l'on considère les aspects éthiques. Beaucoup pensent que l'attribution de la propriété intellectuelle à une machine serait une mesure excessive qui pourrait encourager la marchandisation de l'art et de la culture. D'autres s'inquiètent de la façon dont l'IA pourrait être utilisée pour plagier ou dupliquer des œuvres d'art existantes, diluant ainsi le caractère unique et la valeur intrinsèque de la créativité humaine. Face à ces considérations, il apparaît clairement que les lois actuelles sont inadaptées pour relever les défis posés par l'IA créative.

Mais ce ne sont pas seulement les questions de propriété intellectuelle qui nous font réfléchir ; il y a aussi des implications éthiques liées à la responsabilité et à l'obligation de rendre des comptes. Supposons qu'un algorithme créatif génère un contenu offensant, voire illégal. Qui doit être blâmé ? Est-il éthique d'utiliser l'IA créative dans des domaines tels que le journalisme ou la médecine, où l'exactitude et l'intégrité des informations sont primordiales ? Qu'en est-il de l'utilisation de l'IA pour créer des "deepfakes", qui peuvent manipuler la perception de la réalité et avoir de graves répercussions sociales et politiques ?

Il est essentiel que les praticiens, les éthiciens et les législateurs travaillent ensemble pour naviguer dans cet environnement en évolution rapide. De nouvelles lois et réglementations, ou du moins une adaptation des lois existantes, pourraient être nécessaires pour garantir que l'IA créative puisse prospérer sans compromettre les principes éthiques et juridiques auxquels nous sommes attachés. Dans le même temps, nous devons être ouverts au dialogue et à la réflexion, en invitant diverses voix à participer au débat sur la manière dont l'IA peut influencer l'avenir de la créativité humaine.

Relever les défis éthiques et juridiques de l'IA créative n'est pas seulement une question d'adaptation réglementaire, mais aussi d'introspection collective. C'est l'occasion de reconsidérer ce que signifie être créatif et les valeurs que nous voulons préserver dans un monde de plus en plus influencé par la technologie. L'IA nous confronte à des questions qui touchent au cœur de la condition humaine, nous incitant à réfléchir à ce que nous attendons réellement de ce mariage extraordinaire entre l'homme et la machine.

Dans le paysage numérique d'aujourd'hui, la créativité n'est plus l'apanage de l'homme. L'intelligence artificielle (IA) canalise son potentiel de manière à repousser les limites conventionnelles de l'ingéniosité humaine. Elle est désormais capable de composer de la musique, de générer des images et d'écrire des textes qui pourraient tromper même l'observateur le plus expérimenté. Pourtant, sous cette brillante couche d'innovation se cachent des questions éthiques qui méritent un examen approfondi.

Imaginez un algorithme d'IA créant une composition musicale. Cette composition est impossible à distinguer de celle d'un être humain et touche les cordes de l'émotion et de l'intellect d'une manière magistrale. Mais à qui appartient cette œuvre ? L'IA peut-elle revendiquer des droits d'auteur ? Et, dans un contexte plus large, sa capacité à créer de l'art soulève des questions sur l'originalité et l'authenticité. Si l'art est un prolongement de l'expérience humaine, que signifie le fait qu'une machine puisse le reproduire aussi fidèlement ?

Viennent ensuite les questions éthiques liées à la responsabilité. Lorsqu'un algorithme crée quelque chose de controversé ou de potentiellement nuisible, qui est responsable ? Est-ce le programmeur qui a codé les algorithmes ? L'utilisateur qui a défini les paramètres ? Ou est-ce la société dans son ensemble qui a permis à ces technologies de se développer sans cadre éthique approprié ? La question de la responsabilité est un enchevêtrement de complications juridiques et morales.

L'un des aspects les plus sensibles des défis éthiques est la justice sociale. Les algorithmes d'IA sont formés à partir de données qui, plus souvent qu'on ne le pense, reflètent les préjugés et les inégalités existant dans la société. Ainsi, lorsque l'IA crée quelque chose, il y a toujours le risque qu'elle perpétue des stéréotypes et des inégalités préjudiciables. Dans un monde où l'art et la culture sont de puissants moyens de représentation, l'impact de ce défi éthique est profond et durable.

Et puis il y a la question de l'identité culturelle. L'IA peut facilement s'approprier des éléments de diverses cultures pour créer quelque chose de "nouveau", mais cela soulève des questions sur la protection du patrimoine culturel et l'appropriation culturelle. À une époque où la technologie peut facilement accéder aux ressources mondiales, il est essentiel de réfléchir à la manière de préserver l'intégrité des cultures.

Pour l'avenir, il est clair que les défis éthiques de l'IA créative ne se dissiperont certainement pas. En fait, ils sont susceptibles de devenir de plus en plus complexes au fur et à mesure que la technologie progresse. Les implications sont immenses, non seulement pour les artistes et les créateurs, mais aussi pour la société dans son ensemble. Il sera donc essentiel de développer un cadre éthique solide et inclusif qui puisse guider l'évolution de l'IA créative.

L'un des moyens d'y parvenir serait d'engager un plus large éventail de voix dans le dialogue sur ces questions, de la communauté scientifique aux décideurs politiques, des artistes aux éthiciens. Une autre voie pourrait être la mise en œuvre d'audits éthiques au cours des phases de développement et de déploiement des technologies d'IA créative.

Alors que nous nous émerveillons des prouesses de l'IA dans le domaine de la création, il est crucial de se rappeler qu'un grand pouvoir s'accompagne d'une grande responsabilité. C'est une responsabilité que nous devons tous partager si nous voulons naviguer avec succès dans l'avenir de plus en plus complexe de l'IA créative.

CHAPITRE 10 : AU-DELÀ D'AUJOURD'HUI : L'AVENIR DE L'IA CRÉATIVE

En naviguant dans l'immensité du domaine de l'intelligence artificielle, il est facile de se sentir dépassé par le volume des innovations technologiques. Mais aujourd'hui, je vous propose une autre voie, loin des complications des tenseurs et des défis des algorithmes. Faisons un voyage dans le monde de demain, où l'intelligence artificielle ne sera pas seulement un outil, mais un partenaire créatif, une muse numérique qui pourrait même donner un nouveau sens à l'expression "invention humaine".

Imaginez un monde où l'intelligence artificielle dépasse sa fonction traditionnelle d'assistant ou de facilitateur pour devenir un collaborateur actif dans le domaine de la créativité. Nous voyons déjà les prémices de ce phénomène dans des domaines tels que l'art et la musique, où des algorithmes génératifs collaborent avec des peintres et des musiciens pour créer des œuvres nouvelles et innovantes. Mais qu'en est-il si nous étendons ce concept à des domaines moins conventionnels, tels que la création littéraire, la composition musicale ou même la philosophie ?

L'un des concepts les plus stimulants est celui de l'intelligence artificielle comme une sorte de "plateforme créative", une toile sur laquelle les humains peuvent peindre leurs idées de manière plus profonde et plus significative. Prenons par exemple le concept d'"'IA éthique", une sous-discipline qui explore la manière dont les systèmes d'intelligence artificielle peuvent prendre des décisions éthiques. À l'avenir, nous pourrions voir des algorithmes qui non seulement aideront les éthiciens à modéliser les sujets les plus complexes, mais qui généreront également de manière autonome de nouvelles théories ou de nouveaux concepts éthiques qui feront l'objet d'une réflexion et d'un débat humains plus approfondis.

Mais même dans le quotidien, l'IA créative a le potentiel de révolutionner notre façon de vivre et de travailler. Pensez aux applications dans le domaine de la décoration d'intérieur, où l'IA pourrait collaborer avec les architectes et les designers pour créer des espaces non seulement esthétiques, mais aussi optimisés pour le bien-être psychologique. Ou considérez le potentiel dans le domaine de la mode, où les algorithmes pourraient concevoir des vêtements qui changent de couleur ou de forme en fonction de votre humeur, grâce à des capteurs de biofeedback intégrés.

L'un des principaux obstacles à la réalisation de cet avenir est la question de la "personnalité" de l'IA. Si nous voulons que l'IA soit un collaborateur créatif, il est essentiel que ces machines aient un sens de l'individualité. Des travaux récents dans le domaine de la "personnalisation de l'IA" explorent les moyens de créer des systèmes capables de s'adapter aux goûts, aux préférences et même à l'humeur des utilisateurs, afin de rendre l'interaction avec l'IA plus naturelle et plus intuitive.

Le chemin vers l'IA créative est parsemé de questions sans réponse et de dilemmes éthiques. Nous serons confrontés à des défis tels que la propriété intellectuelle, les droits d'auteur et même les implications sociales et culturelles du partage de la créativité entre les humains et les machines. Mais malgré ces incertitudes, il est impossible de ne pas s'enthousiasmer à l'idée de ce que l'avenir pourrait nous apporter.

Regardons donc au-delà de l'horizon d'aujourd'hui, vers un monde dans lequel l'intelligence artificielle n'est pas seulement une entité calculatrice, mais un partenaire dans l'exploration des possibilités infinies de la pensée et de la créativité humaines. Dans ce nouveau monde, nous n'apprendrons pas seulement de l'IA, mais nous attendrons d'elle qu'elle apprenne de nous, en se développant dans un écosystème d'innovation et de découverte qui bénéficiera à tous les aspects de la société.

L'avenir de l'intelligence artificielle créative se dessine sous nos yeux, dans une synergie dynamique d'ingénierie, d'éthique, d'art et de visions audacieuses de l'avenir. Nous pensons souvent que l'IA est une force purement analytique, optimisée pour traiter des données ou résoudre des équations complexes. Mais il existe un territoire inexploré où l'IA se marie avec la créativité humaine, et c'est là qu'une révolution est en train de se produire.

Imaginez un monde où l'IA aide les compositeurs à écrire des symphonies qui défient les limites conventionnelles de la théorie musicale. Imaginez un musée où les peintures sont conçues par des algorithmes capables de comprendre et d'émuler des styles artistiques allant de la Renaissance à l'impressionnisme et au-delà. Il ne s'agit pas seulement d'une vision utopique, mais d'une possibilité réaliste alimentée par les frontières actuelles de la recherche.

Des laboratoires universitaires aux garages de start-up, des efforts sont déployés pour apprendre aux machines non seulement à penser, mais aussi à "sentir", au sens le plus artistique du terme. L'un des outils les plus prometteurs dans ce contexte est le Generative Adversarial Network (GAN), une classe d'algorithmes d'apprentissage automatique. Les GAN prouvent qu'ils peuvent produire des œuvres d'art visuel, composer de la musique et même écrire de la poésie dans des styles qui ne se distinguent pas des styles humains. Dans certains cas, les œuvres créées par les GAN ont déjà été reconnues et récompensées.

Mais quel sera l'impact de ces innovations sur notre concept de créativité et, plus généralement, sur la culture humaine ? D'une part, il existe un potentiel de démocratisation sans précédent de l'art et du design. L'IA pourrait rendre les disciplines artistiques plus accessibles, en faisant tomber les barrières économiques et techniques qui limitent aujourd'hui l'accès aux moyens de production créative.

D'un autre côté, des questions éthiques complexes se posent. Qui détient les droits d'auteur d'une œuvre d'art générée par un algorithme ? Et quelle valeur devrions-nous accorder à l'art "authentique" à une époque où les machines peuvent imiter des styles avec une précision impressionnante ? Ces questions nous obligent à nous interroger sur le sens même de la créativité.

Alors que nous naviguons dans ces eaux inconnues, il est essentiel de ne pas perdre de vue les implications sociales et politiques. L'IA créative pourrait amplifier, voire radicaliser, les dynamiques de pouvoir et de contrôle existantes. Elle pourrait être utilisée pour manipuler l'opinion publique en générant des informations fausses mais crédibles ou pour renforcer des stéréotypes nuisibles par le biais de représentations artistiques.

La recherche sur ces questions et les questions connexes est plus pertinente que jamais. Nous ne sommes qu'au début d'une nouvelle ère dans laquelle l'IA et la créativité coexistent et interagissent d'une manière que nous n'aurions pu imaginer qu'il y a dix ans. Alors que nous nous aventurons au-delà d'aujourd'hui, il nous incombe, en tant qu'ingénieurs, artistes, éthiciens et citoyens, de façonner cet avenir de manière responsable et éclairée.

L'idée de l'intelligence artificielle (IA) en tant qu'outil informatique avancé est dépassée ; nous explorons maintenant la dimension de la créativité. Imaginez un monde où l'IA n'est pas seulement un assistant, mais un collaborateur artistique, un mentor pédagogique et même un philosophe. C'est la direction que nous prenons, et c'est un voyage qui promet d'être aussi fascinant qu'innovant.

Dans le domaine de la créativité, l'IA apporte déjà des contributions autrefois impensables. Des programmes de création musicale aux systèmes de conception graphique, la machine apprend non seulement à reproduire des modèles artistiques, mais aussi à inventer de nouvelles formes d'art. Pensez à des logiciels capables de créer des peintures dans des styles allant de la Renaissance à l'abstraction, ou à des algorithmes capables d'écrire des poèmes originaux. Ce qui rend ces possibilités particulièrement excitantes, c'est que l'IA peut devenir un amplificateur de nos capacités créatives, offrant des perspectives inattendues et nous permettant d'explorer des domaines artistiques qui étaient auparavant inaccessibles à la plupart des gens.

Et il ne s'agit pas seulement d'art. La science, la philosophie et même la spiritualité pourraient être des terrains fertiles pour l'IA créative. Les implications pour la formation et l'éducation sont immenses. Imaginez un environnement d'apprentissage dans lequel chaque étudiant a accès à un mentor IA personnalisé qui peut adapter le programme en temps réel pour maximiser le potentiel individuel. Cela rendrait l'éducation non seulement plus accessible, mais aussi plus personnalisée. L'IA pourrait jouer le rôle d'un éducateur supplémentaire, capable d'identifier les lacunes dans le processus d'apprentissage et de fournir des solutions spécifiques.

Cependant, nous devons également prendre en compte les pièges possibles. La question éthique est incontournable : comment s'assurer que l'IA est utilisée de manière responsable, en particulier dans des domaines aussi personnels que l'éducation ou les arts ? Nous devrons élaborer des normes éthiques et des réglementations rigoureuses régissant l'utilisation de l'IA dans ces domaines, car les répercussions potentielles d'une mauvaise mise en œuvre peuvent être graves.

La relation entre l'homme et la machine est un autre élément clé à prendre en compte. Si l'IA peut libérer les éducateurs de tâches mécaniques et leur donner plus de temps pour se concentrer sur les aspects plus humains de l'enseignement, nous devons également être conscients de la possibilité d'une dépendance excessive à l'égard de la technologie. L'objectif devrait être d'atteindre un équilibre dans lequel l'IA est un complément, et non un substitut, aux interactions humaines.

Nous sommes à l'aube d'une ère où l'IA créative pourrait transformer radicalement notre compréhension de la formation, de l'éducation et même de ce que signifie être humain. Alors que nous nous aventurons sur ce nouveau territoire, il est essentiel d'être conscient à la fois des opportunités extraordinaires et des défis éthiques et sociétaux que cela implique. Les développeurs, les éducateurs, les artistes et chacun d'entre nous ont un rôle à jouer pour façonner cet avenir. C'est une tâche qui va au-delà d'aujourd'hui et qui s'étend à un avenir qui pourrait être à la fois étonnant et profondément significatif.

Dans le paysage numérique actuel, l'intelligence artificielle s'est infiltrée dans presque tous les aspects de notre vie quotidienne, de la reconnaissance faciale aux assistants virtuels. Mais à mesure que la technologie progresse à pas de géant, une question fondamentale se pose : quel sera l'avenir de l'intelligence artificielle dans le domaine de la création, et comment pouvons-nous la rendre durable ?

Ce n'est un secret pour personne que l'intelligence artificielle a déjà démontré qu'elle pouvait imiter, dans une certaine mesure, l'ingéniosité humaine dans des domaines tels que la musique, les arts visuels et l'écriture. Mais s'agit-il vraiment de créativité ou simplement d'une imitation poussée ? La réponse à cette question pourrait être la clé pour comprendre l'avenir de la créativité générée par l'IA. Plus important encore, elle nous aidera à comprendre si ces innovations peuvent coexister durablement avec le bien-être humain et environnemental.

La créativité est généralement considérée comme une activité intrinsèquement humaine, un processus impliquant non seulement des compétences techniques, mais aussi de l'empathie, de l'intuition et un contexte culturel. Mais si nous considérons l'IA comme un outil puissant capable d'étendre et d'amplifier la créativité humaine, plutôt que de la remplacer, alors nous commençons à entrevoir les possibilités infinies qui pourraient émerger de cette symbiose.

Un autre aspect essentiel à prendre en compte est l'impact environnemental de la dépendance croissante à l'égard des systèmes d'IA à des fins créatives. Les grands centres de données qui alimentent les réseaux neuronaux consomment d'énormes quantités d'énergie, souvent produite à partir de sources non renouvelables. Par conséquent, si nous voulons tracer un avenir durable pour l'IA créative, nous devons être prêts à trouver un équilibre entre l'innovation technologique et un engagement fort en faveur de la durabilité environnementale.

Il existe déjà des initiatives visant à atténuer l'impact écologique des technologies d'IA, comme l'adoption d'énergies renouvelables pour alimenter les centres de données ou le développement d'algorithmes plus économes en énergie. Mais il reste encore beaucoup à faire. Nous devrions également nous interroger sur le sens même du terme "durabilité" dans ce contexte. Elle va au-delà de la simple conformité environnementale et englobe également des questions d'éthique, d'équité et d'inclusion.

L'intelligence artificielle a le potentiel de démocratiser l'accès à la créativité, en permettant à chacun de s'exprimer d'une manière impensable auparavant. Toutefois, cette démocratisation risque de devenir une force de polarisation supplémentaire, dans laquelle les personnes ayant accès aux technologies de pointe ont un avantage indu sur celles qui sont moins chanceuses.

Imaginons un avenir dans lequel l'intelligence artificielle n'est pas seulement un outil entre les mains des êtres humains, mais un partenaire, une extension de nos capacités créatives. Nous imaginons un avenir dans lequel l'énergie nécessaire pour alimenter ces magnifiques machines provient de sources durables et renouvelables. Imaginons un avenir où les possibilités de création sont réparties plus équitablement, quel que soit le milieu socio-économique de chacun. Ce n'est qu'alors que nous pourrons dire que nous avons trouvé un équilibre, un point où la technologie et l'humanité, l'innovation et la durabilité, coexistent dans un écosystème harmonieux et fructueux.

Répondre à ces questions et relever ces défis n'est pas seulement l'affaire des scientifiques, des technologues ou des artistes, mais celle de chacun d'entre nous. Chacun d'entre nous a un rôle à jouer pour façonner cet avenir incertain mais passionnant. L'IA créative est une frontière que nous commençons à peine à explorer et, comme pour toute nouvelle frontière, la prudence est aussi nécessaire que l'audace. Mais une chose est sûre : le voyage sera aussi extraordinaire que les destinations que nous atteindrons.

Le paysage de l'intelligence artificielle évolue à un rythme effréné, créant des opportunités et des défis sans précédent. L'un des domaines les plus passionnants et les plus controversés est sans aucun doute l'IA créative, qui voit les machines s'essayer à des tâches traditionnellement considérées comme réservées à l'intelligence humaine, telles que l'art, l'écriture et la composition musicale. Mais que nous réserve l'avenir dans ce domaine en pleine évolution ?

Pour beaucoup, l'IA créative représente un dilemme éthique. D'une part, l'intelligence artificielle pourrait libérer l'homme des tâches monotones et lui permettre de mettre davantage l'accent sur l'innovation et la découverte. D'autre part, des questions épineuses se posent concernant la propriété intellectuelle, l'authenticité et la valeur de la contribution humaine. Par exemple, si un algorithme compose une symphonie ou écrit un roman, à qui revient le mérite ? Et quel est le sens de la "créativité" dans un contexte où une machine peut générer des œuvres d'art à une vitesse inimaginable pour un être humain ?

L'un des aspects les plus intrigants est la collaboration potentielle entre les intelligences artificielles et humaines dans le processus créatif. Nous assistons déjà à une augmentation du nombre de plateformes qui facilitent cette synergie, permettant aux artistes, aux écrivains et aux musiciens d'utiliser l'IA comme outil pour élargir leur répertoire d'expression. Cependant, à mesure que les machines deviennent de plus en plus compétentes, on craint de plus en plus qu'elles ne commencent à remplacer les humains dans les rôles qui exigent une sensibilité émotionnelle et de l'interprétation. Le défi consiste donc à trouver un équilibre entre l'utilisation de l'IA en tant qu'outil d'autonomisation et la dénaturation de l'essence de l'art et de la créativité humaine.

Nous ne pouvons pas non plus ignorer les implications économiques. L'IA produisant des contenus à un rythme exponentiel, le marché pourrait être inondé d'œuvres "créatives" générées par des algorithmes, ce qui réduirait la valeur perçue du travail humain. Cela pourrait conduire à une réorganisation de l'économie de la créativité, avec de nouveaux modèles de rémunération et une plus grande importance accordée à d'autres éléments, tels que l'interprétation ou la conservation. En outre, de nouvelles questions se posent sur la jurisprudence en matière de droits d'auteur. Comment réglementer les œuvres créées par des algorithmes ? Il s'agit d'un terrain encore inexploré qui doit faire l'objet d'un débat ouvert et inclusif.

Qu'en est-il du potentiel de la technologie à faire émerger de nouvelles formes d'art et d'expression qui ne seraient pas concevables par la seule ingéniosité humaine ? Pensez aux structures architecturales hypercomplexes ou aux nouveaux genres musicaux qui pourraient émerger de la collaboration entre l'homme et la machine. Dans le même temps, l'IA créative risque d'uniformiser l'esthétique et d'étouffer la diversité culturelle. Après tout, les algorithmes sont formés à partir de données existantes et peuvent donc perpétuer et amplifier les tendances et les préjugés culturels.

La voie à suivre est donc pleine d'incertitudes, mais aussi d'immenses possibilités. L'IA créative pourrait représenter une nouvelle frontière dans l'histoire de la créativité humaine, mais il est essentiel que nous abordions cet avenir avec des yeux, des cœurs et des esprits ouverts. Le débat sur le rôle de l'IA dans le monde créatif est aussi urgent qu'inévitable, et chacun d'entre nous a sa place dans le dialogue qui façonnera son impact sur notre avenir.

ÉPILOGUE

Imaginez un monde où un ordinateur peut écrire une symphonie qui vous fait pleurer, une sculpture numérique qui vous laisse bouche bée ou un roman qui vous tient en haleine jusqu'à la dernière page. "L'Art de l'IA: Comment la Technologie Affecte la Créativité." est un guide novateur qui lève le voile sur cette nouvelle frontière passionnante où l'art et la technologie dansent un tango complexe de possibilités.

Dans le premier chapitre, nous avons exploré comment l'intelligence artificielle n'est plus seulement un ensemble d'algorithmes et de calculs, mais est devenue un partenaire collaboratif dans l'écosystème créatif. Nous avons voyagé dans le temps, depuis les premières explorations artistiques de l'IA jusqu'aux avancées vertigineuses actuelles, et avons sondé à la fois les eaux troubles de l'éthique et les vastes profondeurs du potentiel inexploré.

Le livre s'est ensuite penché sur les fondements techniques qui alimentent ces merveilles. Vous avez découvert comment les algorithmes génératifs, les réseaux neuronaux et les nouveaux logiciels changent le visage de la créativité, de la musique à la mode. Que vous soyez un artiste, un programmeur ou simplement un passionné curieux, ces concepts servent de base à la compréhension des applications pratiques qui suivent.

Et quelle meilleure représentation du potentiel de cette fusion entre l'homme et la machine que la musique ? Nous avons examiné comment l'IA peut contribuer à la composition, à l'arrangement et même à l'analyse de la musique, ouvrant ainsi la voie à de nouveaux genres et à de nouvelles expériences sonores.

De Bach aux Beatles, imaginez ce qui pourrait émerger de cette nouvelle relation symbiotique entre musiciens et machines.

Mais la musique n'est pas la seule à être révolutionnée. Les arts visuels, la littérature et le cinéma sont autant de théâtres où l'IA offre de nouveaux moyens d'exprimer la vision humaine. Avez-vous déjà pensé à la manière dont un algorithme pourrait aider à restaurer un chef-d'œuvre de la Renaissance ? Ou comment il pourrait interpréter et donner vie aux personnages d'un roman ? Ce ne sont plus des questions rhétoriques, c'est la réalité d'aujourd'hui.

N'oublions pas non plus la mode et le design d'expérience utilisateur, où l'IA crée des solutions durables et personnalisées. Des costumes sur mesure aux interfaces qui s'adaptent au comportement de l'utilisateur, l'IA devient un styliste et un designer très compétent.

Cependant, comme toute nouvelle frontière, l'IA créative présente ses propres défis éthiques. Des questions de droits d'auteur aux préoccupations relatives à l'emploi et à la discrimination, il est essentiel de réfléchir à la responsabilité sociale lorsque nous nous aventurons sur ce nouveau territoire.

Ce voyage fascinant se termine par un regard sur l'avenir, les limites de la recherche et l'impact sur l'éducation et la formation. Comment le paysage créatif va-t-il évoluer dans les années à venir ? Seul l'avenir nous le dira, mais une chose est sûre : L'IA est là pour rester et le dialogue entre la créativité humaine et la technologie ne fait que commencer.

Nous sommes heureux d'avoir partagé ce voyage avec vous, en vous fournissant les outils pour explorer, comprendre et, nous l'espérons, contribuer à cette évolution passionnante. Avec "L'Art de l'IA", vous disposez désormais d'une carte pour naviguer à l'intersection de l'art et de la science, d'un guide pour participer activement au débat qui façonnera notre avenir créatif.

Restez curieux, restez créatifs et, surtout, restez ouverts aux possibilités infinies qui émergent lorsque l'humanité et la technologie unissent leurs forces dans un magnifique ballet d'innovation.

À PROPOS DE L'AUTEUR

Harry J. Smith

Harry J. Smith est une figure éminente de la scène de l'intelligence artificielle, mais pas de manière traditionnelle. Sa particularité réside dans son approche multidisciplinaire qui mêle technologie, philosophie et art en un amalgame raffiné de connaissances et d'idées. Diplômé en ingénierie informatique d'une université prestigieuse et titulaire d'un doctorat en philosophie des sciences, Harry a toujours fait preuve d'une soif insatiable de connaissances qui transcende les frontières académiques et les spécialisations cloisonnées.

Malgré ses solides références académiques, Harry n'est pas un théoricien abstrait. Il a collaboré avec des start-ups innovantes, des institutions académiques de premier plan et des géants industriels dans le domaine de l'IA, mettant en pratique ses théories sophistiquées. Son parcours professionnel est jalonné de postes importants en tant que consultant, chercheur et conférencier. Son autorité dans le domaine est reconnue à la fois par l'industrie et par la communauté universitaire, ce qui témoigne d'une carrière aux multiples facettes et de sa capacité à combiner efficacement la pratique et la théorie.

Son livre, "L'Art de l'IA: Comment la Technologie Affecte la Créativité.", est un voyage fascinant à la croisée de l'intelligence artificielle et des sciences humaines. Avec une écriture fluide et accessible, Harry explore la façon dont l'IA transforme non seulement notre mode de vie et de travail, mais aussi la façon dont nous exprimons notre créativité. Ce texte capte l'imagination du lecteur et l'oblige à s'interroger sur des questions fondamentales telles que l'essence de la créativité, l'importance de l'éthique dans l'IA et le rôle de la technologie dans l'évolution de la société.

En plus d'être un auteur acclamé, Harry est également un conférencier très demandé. Avec son éloquence magnétique, il a le don de rendre des sujets complexes accessibles à un large public. Ses conférences, séminaires et ateliers sont une combinaison de rigueur scientifique et d'idées provocantes, souvent agrémentées d'anecdotes personnelles qui rendent sa passion pour le sujet tangible. Il fait partie de ces rares personnes qui peuvent parler avec la même aisance d'algorithmes complexes et de théories esthétiques, jetant des ponts entre des mondes qui semblent souvent irréconciliables.

Mais ce qui distingue vraiment Harry, c'est son humanité. Malgré son formidable intellect et ses réalisations impressionnantes, il reste une personne incroyablement accessible et amicale. Il est connu pour sa capacité d'écoute et l'empathie dont il fait preuve à l'égard des autres, qualités qui transparaissent aussi bien dans ses écrits que dans ses interactions personnelles. Pour lui, l'intelligence artificielle n'est pas seulement un domaine de recherche ou un ensemble de problèmes à résoudre ; c'est une lentille qui permet d'explorer l'essence même de l'expérience humaine.

La profondeur et la portée de son travail font de Harry J. Smith une autorité unique dans le domaine de l'intelligence artificielle. Son livre "L'Art de l'IA" est une lecture incontournable pour quiconque souhaite comprendre comment l'avènement de l'IA redéfinit les contours de la créativité humaine et les possibilités technologiques. Grâce à son talent pour communiquer des idées complexes de manière claire et attrayante, Harry n'est pas seulement un expert dans son domaine, mais aussi un pont entre des mondes différents, un catalyseur de dialogue et de compréhension à une époque de changements rapides et d'incertitude.